ÉLÉMENS

DE LA

GRAMMAIRE FRANÇAISE,

PAR LHOMOND;

AUGMENTÉS

DU DICTIONNAIRE DES HOMONYMES;

D'une Table des mots dans lesquels la lettre *H* est aspirée; d'un Traité de la FORMATION DES TEMPS DES VERBES; de la manière d'Analyser; d'un Traité de Ponctuation; d'un Tableau de Locutions vicieuses; de la Prononciation du latin; de Modèles de Lettres, etc.

A DIJON,

CHEZ DOUILLIER, IMPRIMEUR DE L'ÉVÊCHÉ, RUE DES CHAMPS, ET PLACE POISSONNERIE.

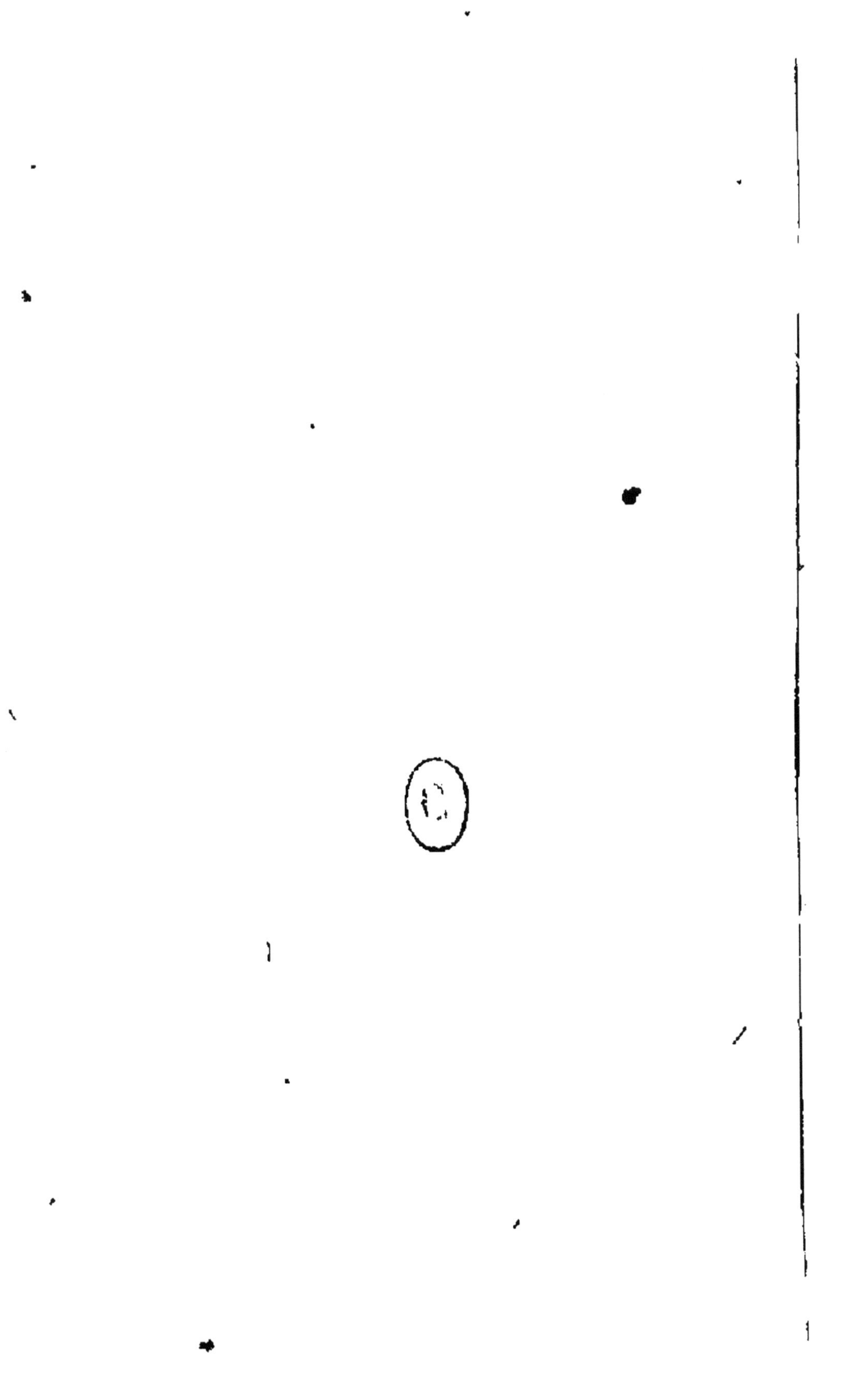

GRAMMAIRE FRANÇOISE.

INTRODUCTION.

La Grammaire est l'art de parler et d'écrire correctement. Pour parler et pour écrire, on emploie les mots ; les mots sont composés de lettres.

Il y a deux sortes de lettres, les *voyelles* et les *consonnes*.

Les voyelles sont *a, e, i, o, u* et *y*.

On les appelle *voyelles*, parce que, seules, elles forment une voix, un son.

Il y a trois sortes d'*e* ; *e* muet, *é* fermé, *è* ouvert.

L'*e muet*, comme à la fin de ces mots, *homme, monde* ; on l'appelle *muet*, parce que le son en est sourd et peu sensible.

L'*é fermé*, comme à la fin de ces mots, *bonté, café* ; cet *é* se prononce la bouche presque fermée.

L'*è ouvert*, comme à la fin de ces mots, *procès, accès, succès* : pour bien prononcer cet *è*, il faut appuyer dessus, et desserrer les dents.

L'*y grec* s'emploie le plus souvent pour deux *ii*, comme dans *pays, moyen, joyeux* ; prononcez *pai-is, moi-ien, joi-ieux*.

Il y a dix-neuf consonnes, savoir : *b, c, d, f, g, h, j, k, l, m, n, p, q, r, s, t, v, x, z.* Ces lettres s'appellent *consonnes*, parce qu'elles ne forment un son qu'avec le secours des voyelles, comme *ba, be, bi, bo, bu : ca, ce, ci, co, cu : da, de, di, do, du*, etc.

La lettre *h* ne se prononce pas dans certains mots, *l'homme, l'honneur, l'histoire*, etc., qu'on prononce comme s'il y avoit *l'omme, l'onneur, l'istoire* ; alors on l'appelle *h muet*.

Mais dans les mots suivans, la *haine*, le *ha-meau*, le *héros*, la lettre *h* fait prononcer du gosier la voyelle qui suit; alors on l'appelle *h aspiré*; ainsi l'on écrit et l'on prononce séparément les deux mots *la haine*, et non pas *l'haine*; *les héros*, et non pas comme s'il y avoit *les zhéros*.

DES VOYELLES LONGUES ET BRÈVES.

Les voyelles *longues* sont celles sur lesquelles on appuie plus long-temps que sur les autres en les prononçant.

Les voyelles *brèves* sont celles sur lesquelles on appuie moins long-temps.

Par exemple, *a* est long dans *pâte* pour faire du pain, il est bref dans *patte* d'animal.

e est long dans *tempête*, il est bref dans *trompette*.

i est long dans *gîte*, et bref dans *petite*.

o est long dans *apôtre*, et bref dans *dévote*.

u est long dans *flûte*, et bref dans *butte*.

Pour marquer les différentes sortes d'*e* et les voyelles longues, on emploie trois petits signes que l'on appelle *accens*; savoir : l'accent aigu (*′*) qui se met sur les *é* fermés, *bonté* : l'accent grave (*`*) qui se met sur les *è* ouverts, *accès* : et l'accent circonflexe (*^*) qui se met sur la plupart des voyelles longues, *apôtres*.

Il y a en françois dix sortes de mots qu'on appelle les *parties du discours*; savoir : le *Nom*, l'*Article*, l'*Adjectif*, le *Pronom*, le *Verbe*, le *Participe*, la *Préposition*, l'*Adverbe*, la *Conjonction* et l'*Interjection*.

CHAPITRE PREMIER.

PREMIÈRE ESPÈCE DE MOTS.

LE NOM.

LE *Nom* est un mot qui sert à nommer une personne ou une chose, comme *Pierre, Paul, Livre, Chapeau.*

Il y a deux sortes de noms, le nom *commun* et le nom *propre.*

Le nom *commun* est celui qui convient à plusieurs personnes ou à plusieurs choses semblables : *homme, cheval, maison,* sont des noms communs ; car le nom *homme* convient à Pierre, à Paul, etc.

Le nom *propre* est celui qui ne convient qu'à une seule personne ou à une seule chose, comme *Adam, Eve, Paris, la Seine.*

Dans les noms, il faut considérer le *genre* et le *nombre.*

Il y a en françois deux genres, le *masculin* et le *féminin.* Les noms d'hommes ou de mâles, sont du genre masculin, comme *un Roi, un lion :* les noms de femmes ou de femelles sont du genre féminin, comme une *Reine, une lionne.*

Ensuite, par imitation, on a donné le genre masculin et le genre féminin à des choses qui ne sont ni mâles ni femelles, comme un *livre,* une *table,* le *soleil,* la *lune.*

Il y a deux nombres, le *singulier* et le *pluriel :* le singulier, quand on parle d'une seule personne ou d'une seule chose, comme un *homme,* un *livre :* le pluriel, quand on parle de plusieurs, personnes ou de plusieurs choses, comme les *hommes*, les *livres*.

Comment se forme le pluriel dans les noms ?

Règle générale.

Pour former le pluriel, ajoutez *s* à la fin du nom : le *Roi*, les *Rois* ; la *Reine*, les *Reines* ; le *livre*, les *livres* ; la *table*, les *tables*.

Ire Remarque. Les noms terminés au singulier par *s*, *z*, *x*, n'ajoutent rien au pluriel : le *fils*, les *fils* ; le *nez*, les *nez* ; la *voix*, les *voix*.

IIe Remarque. Les noms terminés au singulier par *au*, *eu*, *ou*, prennent *x* au pluriel : le *bateau*, les *bateaux* ; le *feu*, les *feux* ; le *caillou*, les *cailloux*.

IIIe Remarque. La plupart des noms terminés au singulier par *al*, *ail*, font leur pluriel en *aux* ; le *mal*, les *maux* ; le *cheval*, les *chevaux* ; le *travail*, les *travaux*. (Excepté *détails*, *éventails*, *portails*, *gouvernails*, *camails*, *épouvantails*.) *Aïeul*, *ciel*, *œil*, font au pluriel *aïeux*, *cieux*, *yeux*.

CHAPITRE II.
SECONDE ESPÈCE DE MOTS.
L'ARTICLE le, la, les.

L'ARTICLE est un petit mot que l'on met devant les noms communs, et qui en fait connoître le genre et le nombre.

Nous n'avons qu'un Article *le*, *la*, au singulier ; *les* au pluriel. *Le* se met devant un nom masculin singulier, *le père* ; *la* se met devant un nom singulier féminin, *la mère* ; *les* se met devant tous les noms pluriels, soit masculins, soit féminins, *les pères, les mères.* Ainsi l'on connoît qu'un nom est du genre masculin, quand on peut mettre *le* devant ce nom ; on connoît qu'un nom est du genre féminin, quand on peut mettre *la.*

Il y a deux remarques à faire sur l'Article.

I.ᵗᵉ REMARQUE. On retranche *e* dans le mot *le,* on retranche *a* dans *la,* quand le mot suivant commence par une voyelle ou un *h* muet.

Ainsi l'on dit *l'argent* pour *le argent, l'histoire* pour *la histoire ;* mais alors on met à la place de la lettre retranchée cette petite figure (') qu'on appelle *Apostrophe. Voyez* Chap. XI, au mot *Orthographe.*

II.ᵉ REMARQUE. Pour joindre un nom à un mot précédent, on met *de* ou *à* devant ce nom : fruit *de* l'arbre ; utile *à* l'homme.

Alors, au lieu de mettre *de le* devant un nom masculin singulier qui commence par une consonne, on met *du.*

Au lieu de *à le,* on met *au.*

Devant un nom pluriel, *de les* se change en *des ; à les* se change en *aux.*

EXEMPLES :

SINGULIER MASCULIN.

le Roi.

Palais *du* Roi, pour *de le* Roi.

J'obéis *au* Roi, pour *à le* Roi.

PLURIEL MASCULIN.

les Rois.

Palais *des* Rois, pour *de les* Rois.

J'obéis *aux* Rois, pour *à les* Rois.

PLURIEL FÉMININ.

les Reines.

des Reines, pour *de les* Reines.

aux Reines, pour *à les* Reines.

Au contraire, *de* et *à* devant *la* ne se changent jamais.

SINGULIER FÉMININ.

la Reine, *de la* Reine, *à la* Reine.

CHAPITRE III.

TROISIÈME ESPÈCE DE MOTS.

L'ADJECTIF.

L'ADJECTIF est un mot que l'on ajoute au nom pour marquer la qualité d'une personne ou d'une chose, comme *bon* père, *bonne* mère ; *beau* livre, *belle* image ; ces mots, *bon*, *bonne*, *beau*, *belle*, sont des Adjectifs joints aux noms *père*, *mère*, etc.

On connoît qu'un mot est Adjectif, quand on peut y joindre le mot *personne* ou *chose* ; ainsi *habile*, *agréable*, sont des Adjectifs, parce qu'on peut dire *personne habile*, *chose agréable*.

Les Adjectifs ont les deux genres, *masculin* et *féminin*. Cette différence de genres se marque ordinairement par la dernière lettre.

Comment se forme le féminin dans les Adjectifs françois ?

Règle générale.

Quand un Adjectif ne finit point par un *e* muet, on y ajoute un *e* muet pour former le féminin : *prudent*, *prudente* ; *saint*, *sainte* ; *méchant*, *méchante* ; *petit*, *petite* ; *grand*, *grande* ; *poli*, *polie* ; *vrai*, *vraie*, etc.

EXCEPTIONS.

Iere *Exception.* Les Adjectifs suivans, *cruel*, *pareil*, *fol*, *mol*, *ancien*, *bon*, *gras*, *gros*, *nul*, *net*, sot, épais, etc., doublent au féminin leur dernière consonne avec l'e muet ; *cruelle, pareille, folle, molle, ancienne, bonne, grasse, grosse, nulle, nette, sotte, épaisse.*

Beau et *nouveau* font au féminin *belle, nouvelle,* parce qu'au masculin on dit aussi *bel, nouvel,* devant une voyelle ou un *h* muet, *bel oiseau, bel homme, nouvel appartement.*

II.e *Exception. Blanc, franc, sec, frais,* font au féminin *blanche, franche, sèche, fraîche.*

Public, caduc, font *publique, caduque.*

III.e *Exception.* Les Adjectifs *bref, naif,* font au féminin *brève, naïve,* en changeant *f* en *v ; long* fait *longue.*

IV.e *Except. Malin, bénin,* font *maligne, bénigne.*

V.e *Exception.* Les Adjectifs en *eur,* font ordinairement leur féminin en *euse, trompeur, trompeuse ; parleur, parleuse ; chanteur, chanteuse ;* cependant *pécheur* fait *pécheresse ; acteur* fait *actrice ; protecteur, protectrice.*

VI.e *Exception.* Les Adjectifs terminés en *x* se changent en *se : dangereux, dangereuse ; honteux, honteuse ; jaloux, jalouse ;* cependant *doux* fait *douce ; roux* fait *rousse.*

Comment se forme le pluriel?

Le pluriel dans les Adjectifs se forme comme dans les noms, en ajoutant *s* à la fin ; *bon, bonne,* au pluriel *bons, bonnes,* etc.

Mais la plupart des Adjectifs qui finissent par *al,* n'ont pas de pluriel masculin ; comme *filial, fatal, frugal, pascal, pastoral, naval, trivial, vénal, littéral, conjugal, austral, boréal, final.*

ACCORD DES ADJECTIFS AVEC LES NOMS.

Règle. Tout Adjectif doit être du même genre et

du même nombre que le nom auquel il se rapporte.

EXEMPLES.

Le bon père, la bonne mère : bon est du masculin et du singulier, parce que *père* est du masculin et du singulier : *bonne* est du féminin et du singulier, parce que *mère* est du féminin et du singulier.

De beaux jardins, de belles fleurs : beaux est du masculin et au pluriel, parce que *jardins* est du masculin et au pluriel, etc.

Quand un Adjectif se rapporte à deux noms singuliers, on met cet Adjectif au pluriel, parce que deux singuliers valent un pluriel.

EXEMPLES.

Le Roi et le Berger sont égaux après la mort, (et non *égal.*)

Si les deux noms sont de différens genres, on met l'Adjectif au masculin.

EXEMPLE.

Mon père et ma mère sont contens , (et non pas *contentes.*)

Quant à la place des adjectifs, il y en a qui se mettent devant le nom, comme *beau* jardin, *grand* arbre, *etc.* D'autres se mettent après le nom, comme *habit* rouge, *table* ronde, *etc.* L'usage est le seul guide à cet égard.

(1) RÉGIME DES ADJECTIFS.

Règle. Pour joindre un nom à un Adjectif pré-

---

(1) La manière d'accorder un mot avec un autre mot, ou de faire régir un mot par un autre mot, s'appelle la *Syntaxe ;* ainsi la Syntaxe est la manière de joindre les mots ensemble. Il y a deux sortes de Syntaxes : la Syntaxe *d'accord,* par laquelle on fait accorder deux mots en genre, en nombre, etc. ; la Syntaxe de *régime ,* par laquelle un mot régit *de* ou *à* devant un autre mot.

çédent, on met *de* ou *à* entre cet Adjectif et le nom ; alors on appelle ce nom le *régime* de l'Adjectif.

EXEMPLES.

Digne de récompense ; content de son sort, utile à l'homme, semblable à son père, propre à la guerre. Récompense est le régime de l'Adjectif *digne,* parce qu'il est joint à cet Adjectif par le mot *de.* L'homme est le régime de l'Adjectif *utile,* parce qu'il est joint à cet Adjectif par le mot *à.*

Degrés de signification dans les Adjectifs.

On distingue dans les Adjectifs trois degrés de signification, le *Positif,* le *Comparatif,* et le *Superlatif.*

Le *Positif* n'est autre chose que l'Adjectif même, comme *beau, belle, agréable.*

Le *Comparatif,* c'est l'Adjectif avec comparaison : quand on compare deux choses, on trouve que l'une est ou supérieure à l'autre, ou inférieure à l'autre, ou égale à l'autre.

Pour marquer un Comparatif de *supériorité,* on met *plus* devant l'Adjectif ; comme, *la rose est plus belle que la violette.*

Pour marquer un Comparatif *d'infériorité,* on met *moins* devant l'Adjectif ; comme *la violette est moins belle que la rose.*

Pour marquer un Comparatif *d'égalité,* on met *aussi* devant l'Adjectif ; comme *la rose est aussi belle que la tulipe.*

Le mot *que* sert à joindre les deux choses que l'on compare.

Nous avons trois Adjectifs qui expriment une comparaison : *meilleur,* au lieu de *plus* qui ne se dit pas ; *moindre*, au lieu de *plus petit*, *pire*, au lieu de *plus mauvais* : comme *la vertu est meilleure que la science*, *le mensonge est* pire *que l'indocilité*.

L'Adjectif est au *Superlatif*, quand il exprime la qualité dans un très-haut degré, ou dans le plus haut degré. Pour former le superlatif, on met *très*, ou *le plus*, devant l'Adjectif ; comme, *Paris est une très-belle ville* ; et alors le Superlatif s'appelle *absolu* ; ou *Paris est* la plus *belle des villes* ; et ce superlatif s'appelle *relatif*, parce qu'il marque un rapport aux autres villes.

NOMS ET ADJECTIFS DE NOMBRE.

Les noms de Nombre sont ceux dont on se sert pour compter.

Il y en a de deux sortes ; les noms de Nombre *cardinaux*, et les noms de Nombre *ordinaux*.

Les noms de nombre *cardinaux* sont *un*, *deux*, *trois*, *quatre*, *cinq*, *six*, *sept*, *huit*, *neuf*, *dix*, *onze*, *douze*, *treize*, *quatorze*, *quinze*, *seize*, *dix-sept*, *dix-huit*, *dix-neuf*, *vingt*, *trente*, *quarante*, *cinquante*, *soixante*, *quatre-vingt*, *cent*, *mille*, etc.

Les noms de nombre *ordinaux* se forment des cardinaux : ces noms sont *premier*, *second*, *troisième*, *quatrième*, *cinquième*, *sixième*, *septième*, *huitième*, *neuvième*, *dixième*, etc.

Il y a encore des noms de Nombre qui servent à marquer une certaine quantité, comme une *dixaine*, une *douzaine*, etc.

Il y en a encore d'autres qui marquent les parties d'un tout, comme la *moitié*, le *tiers*, le *quart*, etc.

Enfin, il y en a qui servent à multiplier, comme *double*, le *triple*, etc.

CHAPITRE IV.
QUATRIÈME ESPÈCE DE MOTS.

DU PRONOM.

Le *Pronom* est un mot qui tient la place du nom.

PRONOMS PERSONNELS.

Les pronoms *personnels* sont ceux qui désignent les personnes.

Il y a trois personnes : la première personne est celle qui parle; la seconde personne est celle à qui l'on parle; la troisième personne est celle de qui l'on parle.

PRONOM DE LA PREMIÈRE PERSONNE.

Ce pronom est des deux genres : masculin, si c'est un homme qui parle; féminin, si c'est une femme.

EXEMPLES.

SINGULIER. Je *ou* moi.

Me *pour* moi, à moi. { Le *maître* me *donnera un livre,* c'est-à-dire, *donnera* à moi. Le *maître* me *regarde,* c'est-à-dire, *regarde* moi.

PLURIEL. Nous.

PRONOM DE LA SECONDE PERSONNE.

Il est des deux genres : masculin, si c'est à un homme qu'on parle; féminin, si c'est à une femme.

EXEMPLES.

SINGULIER. Tu *ou* toi.

Te *pour* toi, à toi. { Le *maître* te *donnera un livre,* c'est-à-dire, *donnera* à toi. Le *maître* te *regarde,* c'est-à-dire, *regarde* toi.

PLURIEL. Vous.

REMARQUE. Par politesse on dit *vous* au lieu de *tu*

au singulier ; par exemple, en parlant à un enfant :
vous êtes bien aimable.

PRONOM DE LA TROISIÈME PERSONNE.

EXEMPLES.

SINGULIER. *Masculin*, Il ; *Féminin*, Elle.

Lui *pour* à lui, à elle. { *Je* lui *dois le respect*, c'est-à-dire, *je* dois à lui, à elle.

Masculin. Le.
{ *Je* le connois, c'est-à-dire, *je* connois lui.

Féminin. La.
{ *Je* la connois, c'est-à-dire, *je* connois elle.

PLURIEL. *Masculin*, Ils *ou* Eux ; *Féminin*, Elles.

Leur *pour* à eux, à elles.
{ *Je* leur *dois le respect*, c'est-à-dire, je dois à eux, à elles.

Les *pour* eux, elles.
{ *Je* les connois, c'est-à-dire, *je connois* eux, elles.

Il y a encore un Pronom de la troisième personne, *soi*, *se*. Il est des deux genres et des deux nombres : on l'appelle *Pronom réfléchi*, parce qu'il marque le rapport d'une personne à elle-même.

EXEMPLES. *De soi.*

Se *pour* à soi, soi.
{ *Il se donne des louanges*, c'est-à-dire, *il donne a soi.*
{ *Il se flatte*, c'est-à-dire, *il flatte* soi.

Il y a deux mots qui servent de Pronoms ; SAVOIR :

1.º *En*, qui signifie *de lui*, *d'elle*; *d'eux*, *d'elles*; ainsi quand on dit : *j'en parle*, on peut entendre, *je parle* de lui, d'elle, etc., selon la personne ou la chose dont le nom a été exprimé auparavant.

2.º *Y*, qui signifie *à cette chose*, *à ces choses*, comme quand on dit : *je m'y applique*, c'est-à-dire, *je m'applique* à cette chose, à ces choses.

Règle des Pronoms.

Les Pronoms, *il*, *elle*, *ils*, *elles*, doivent toujours

être du même genre et du même nombre que le nom dont ils tiennent la place ; ainsi en parlant de la tête, dites : *elle me fait mal ; elle*, parce que ce Pronom se rapporte à *tête* qui est du féminin et au singulier ; et en parlant de plusieurs jardins, dites : *ils sont beaux ; ils*, parce que ce pronom se rapporte à *jardins*, qui est du masculin et au pluriel.

PRONOMS ADJECTIFS.

1.º Il y a des Pronoms Adjectifs qui marquent la possession d'une chose ; comme *mon* livre, *votre* cheval, *son* chapeau, c'est-à-dire, le livre *qui est à moi*, le cheval *qui est à vous*, le chapeau *qui est à lui.*

SINGULIER.		PLURIEL.
Masculin.	*Féminin.*	*Des deux genres.*
Mon	Ma	Mes
Ton	Ta	Tes
Son	Sa	Ses
Notre	Notre	Nos
Votre	Votre	Vos
Leur	Leur	Leurs

Ire REMARQUE. Ces Pronoms sont toujours joints à un nom, *mon livre, ton chapeau.*

IIe REMARQUE. *Mon, ton, son,* s'emploient au féminin devant une voyelle ou un *h* muet : on dit *mon* ame pour *ma* ame, *ton* humeur pour *ta* humeur ; *son* épée pour *sa* épée.

AUTRES PRONOMS.

SINGULIER.		PLURIEL.	
Masculin.	*Féminin.*	*Masculin.*	*Féminin.*
Le mien	La mienne	Les miens	Les miennes
Le tien	La tienne	Les tiens	Les tiennes
Le sien	La sienne	Les siens	Les siennes
		Des deux genres.	
Le nôtre	La nôtre	Les nôtres	

| Le vôtre La vôtre | Les vôtres |
| Le leur   La leur | Les leurs |

2.º Il y a des Pronoms Adjectifs qui servent à montrer la chose dont on parle, comme quand je dis, *ce* livre, *cette* table, je montre un *livre*, une *table*.

SINGULIER.		PLURIEL.	
Masculin.	*Féminin.*	*Masculin.*	*Féminin.*
Ce Cet	Cette	Ces	Ces
Celui	Celle	Ceux	Celles
Celui-ci	Celle-ci	Ceux-ci	Celles-ci
Celui-là	Celle-là	Ceux-là	Celles là
Ceci			
Cela			

REMARQUE. On met *ce* devant les noms qui commencent par une consonne ou un *h* aspiré : *ce* village, *ce* hameau : on met *cet* devant une voyelle ou un *h* muet : *cet* oiseau, *cet* homme.

Celui-ci, *celle-ci*, s'emploie pour montrer des choses qui sont proches ; *celui-là*, *celle-là*, pour montrer des choses éloignées.

3.º Il y a des Pronoms *relatifs*, c'est à-dire, qui ont rapport à un nom qui est devant ; comme quand je dis : *Dieu* qui *a créé le monde*, *qui* se rapporte à *Dieu*; *le livre* que *je lis*, *que* se rapporte à *livre*. Le mot auquel *qui* ou *que* se rapporte, s'appelle *Antécédent*. Dans les deux exemples ci-dessus, *Dieu* est l'Antécédent du Pronom relatif *qui*; *livre* est l'antécédent du Pronom relatif *que*.

PRONOM RELATIF.

Qui
Dont ou de qui } sont des deux genres et des deux nombres.
Que

Règle du Qui ou Que relatif.

Qui, *que relatif*, s'accorde avec son Antécédent

en *genre*, en *nombre*, et en *personne*; ainsi dans cet exemple : *l'enfant* qui *joue*; *qui* est du singulier et de la troisième personne, parce que *l'enfant* est du singulier et de la troisième personne; il est du masculin, si c'est un petit garçon qui joue; il est du féminin, si c'est une petite fille.

4.º Il y a des pronoms *interrogatifs*; qui? quel? quelle? comme quand on dit : qui *a fait cela*? que *vous dirai-je*? qui ou *que* est interrogatif, quand il n'a point d'antécédent, et qu'on peut le tourner par *quelle personne*? ou *quelle chose*? Dans les deux exemples ci-dessus on peut dire : *quelle personne* a fait cela? *quelle chose* vous dirai-je?

PRONOMS INDÉFINIS, C'EST-A-DIRE, QUI SIGNIFIENT D'UNE MANIÈRE GENERALE.

Il y a quatre sortes de Pronoms *indéfinis*.

1.º Ceux qui ne se joignent jamais à un nom, comme, *on*, *quelqu'un*, *quelqu'une*, *quiconque*, *chacun*, *chacune*, *autrui*, *personne*, *rien*. Quand je dis : on *frappe à la porte*; quelqu'un *vous appelle*, je parle d'une personne, mais je ne désigne pas quelle elle est.

2.º Ceux qui sont toujours joints à un nom, comme *quelqu'un*, *chacune*, *quelconque*, *certain*, *certaine*; exemple : *quelque* nouvelle, *certain* auteur.

3.º Ceux qui sont tantôt joints à un nom, et tantôt seuls, comme *nul*, *nulle*, *aucun*, *aucune*, *l'un*, *l'autre*, *même*, *tel*, *telle*, *plusieurs*, *tout*, *toute*.

4.º Ceux qui sont suivis de *que*, comme *qui* que ce soit, *quoi* que ce soit, *quel*, *quelle* que; par exemple : *quel* que soit votre mérite, *quelle* que soit votre fortune. *Quoi* que; par exemple : *quoi* que vous fassiez. *Quelque..* que; par exemple : *quelques* richesses que vous ayez. *Tout..* que, *toute..* que; par exemple : *tout* savant que vous êtes ; la campagne *toute* belle qu'elle est.

CHAPITRE V.
CINQUIÈME ESPÈCE DE MOTS.
LE VERBE.

Le Verbe est un mot dont on se sert pour exprimer que l'on est, ou que l'on fait quelque chose : ainsi le mot *être, je suis*, est un Verbe ; le mot *lire, je lis*, est un Verbe.

On connoît un Verbe en françois quand on peut y ajouter ces Pronoms, *je, tu, il; nous, vous, ils;* comme je *lis*, tu *lis*, il *lit;* nous *lisons*, vous *lisez*, ils *lisent*.

Les Pronoms, *je, nous*, marquent la première personne, c'est-à-dire, celle qui parle ; *tu, vous*, marquent la seconde personne, c'est-à-dire, celle à qui l'on parle ; *il, elle, ils, elles*, et tout nom placé devant un Verbe, marquent la troisième personne, celle de qui l'on parle.

Il y a dans les Verbes deux Nombres ; *le singulier*, quand on parle d'une seule personne, comme : *je lis, l'enfant dort :* le *pluriel*, quand on parle de plusieurs personnes, comme : *nous lisons, les enfans dorment*.

Il y a trois Temps, le *Présent*, qui marque que la chose est ou se fait actuellement ; comme : *je lis;* le *Passé* ou *Prétérit*, qui marque que la chose a été faite ; comme : *j'ai lu ;* le *Futur*, qui marque que la chose sera ou se fera ; comme : *je lirai*.

On distingue plusieurs sortes de Prétérits ou Passés, savoir : un *Imparfait, je lisois;* trois *Parfaits, je lus, j'ai lu, j'eus lu;* et un *Plus-que-parfait, j'avois lu.* On distingue aussi deux Futurs, le Futur simple, *je lirai;* et le Futur *passé, j'aurai lu.*

Il y a cinq modes ou manières de signifier dans les Verbes françois.

1.° L'*Indicatif*, quand on affirme que la chose est, ou qu'elle a été, ou qu'elle sera.

2.° Le *Conditionnel*, quand on dit qu'une chose seroit, ou qu'elle auroit été, moyennant une condition.

3.° L'*Impératif*, quand on commande de la faire.

4.° Le *Subjonctif*, quand on souhaite, ou que l'on doute qu'elle se fasse.

5.° L'*Infinitif*, qui exprime l'action ou l'état en général, sans nombre ni personne, comme *lire*, *être*.

Réciter de suite les différens modes d'un Verbe avec tous leurs temps, leurs nombres et leurs personnes, cela s'appelle *conjuguer*.

Il y a en françois quatre conjugaisons différentes, que l'on distingue par la terminaison de l'infinitif.

La première conjugaison a l'infinitif terminé en *er*, comme *aimer*.

La seconde a l'infinitif terminé en *ir*, comme *finir*.

La troisième a l'infinitif terminé en *oir*, comme *recevoir*.

La quatrième a l'infinitif terminé en *re*, comme *rendre*.

Il y a deux Verbes que l'on nomme *auxiliaires*, parce qu'ils aident à conjuguer tous les autres ; nous commencerons par ces deux Verbes.

VERBE AUXILIAIRE AVOIR.
INDICATIF.

PRÉSENT.	Tu as (1),
Sing. J'ai,	Il, *ou* elle a.

---

(1) Toutes les secondes personnes du singulier ont un *s* à la fin.

Plur. Nous avons ,	Nous eûmes eu ,
Vous avez ,	Vous eûtes eu ,
Ils , *ou* elles ont.	Ils eurent eu.
IMPARFAIT.	PLUS-QUE-PARFAIT.
J'avois,	J'avois eu ,
Tu avois ,	Tu avois eu ,
Il, *ou* elle avoit.	Il avoit eu.
Nous avions,	Nous avions eu,
Vous aviez,	Vous aviez eu ,
Ils , *ou* elles avoient.	Ils avoient eu.
PRÉTÉRIT DÉFINI. (1).	FUTUR.
J'eus,	J'aurai,
Tu eus,	Tu auras,
Il eut.	Il aura.
Nous eûmes ,	Nous aurons,
Vous eûtes,	Vous aurez,
Ils eurent.	Ils auront.
PRÉTÉRIT INDÉFINI.	FUTUR PASSÉ.
J'ai eu,	J'aurai eu,
Tu as eu ,	Tu auras eu,
Il a eu.	Il aura eu.
Nous avons eu,	Nous aurons eu,
Vous avez eu,	Vous aurez eu,
Ils ont eu.	Ils auront eu.
PRÉTÉRIT ANTÉRIEUR.	CONDITIONNELS.
	PRÉSENT.
J'eus eu ,	
Tu eus eu,	J'aurois,
Il eut eu.	Tu aurois ,

---

(1) On appelle prétérit *défini* celui qui marque un temps
entièrement passé ; exemple : *j'eus hier la fièvre.* On appelle
prétérit *indéfini,* celui qui marque un temps dont il peut
rester encore quelque partie à s'écouler ; exemple : *j'ai eu
la fièvre aujourd'hui.* On appelle prétérit *antérieur,* celui
qui marque une chose faite avant une autre ; exemple : *dès
que nous eûmes vu la fête, nous partîmes.*

Il auroit.
Nous aurions,
Vous auriez,
Ils auroient.

PASSÉ.

J'aurois eu,
Tu aurois eu,
Il auroit eu.
Nous aurions eu,
Vous auriez eu,
Ils auroient eu.

On dit aussi : *j'eusse eu, tu eusses eu, il eût eu ; nous eussions eu, vous eussiez eu, ils eussent eu.*

IMPÉRATIF.

Point de prem. personne.
Aie,
Qu'il ait.
Ayons,
Ayez,
Qu'ils aient.

SUBJONCTIF.

PRESENT *ou* FUTUR.

Que j'aie,
Que tu aies,
Qu'il ait.
Que nous ayons,
Que vous ayez,
Qu'ils aient.

IMPARFAIT.

Que j'eusse,

Que tu eusses,
Qu'il eût.
Que nous eussions,
Que vous eussiez,
Qu'ils eussent.

PRÉTÉRIT.

Que j'aie eu,
Que tu aies eu,
Qu'il ait eu.
Que nous ayons eu,
Que vous ayez eu,
Qu'ils aient eu.

PLUS-QUE-PARFAIT.

Que j'eusse eu,
Que tu eusses eu,
Qu'il eût eu.
Que nous eussions eu,
Que vous eussiez eu,
Qu'ils eussent eu.

INFINITIF.

PRESENT.

Avoir.

PRETERIT.

Avoir eu.

PARTICIPES.

PRESENT.

Ayant.

PASSÉ.

Eu, eue, ayant eu.

FUTUR.

Devant avoir.

VERBE auxiliaire ÊTRE.
INDICATIF.

PRESENT.

Je suis,
Tu es,
Il, *ou* elle est.
Nous sommes,
Vous êtes,
Ils, *ou* elles sont.

IMPARFAIT.

J'étois,
Tu étois,
Il, *ou* elle étoit.
Nous étions,
Vous étiez,
Ils, *ou* elles étoient.

PRETERIT DEFINI.

Je fus,
Tu fus,
Il fut.
Nous fûmes,
Vous fûtes,
Ils furent.

PRETERIT INDEFINI.

J'ai été,
Tu as été,
Il a été.
Nous avons été,
Vous avez été,
Ils ont été.

PRETERIT ANTERIEUR.

J'eus été,

Tu eus été,
Il eut été.
Nous eûmes été,
Vous eûtes été,
Ils eurent été.

PLUS-QUE-PARFAIT.

J'avois été,
Tu avois été,
Il avoit été.
Nous avions été,
Vous aviez été,
Ils avoient été.

FUTUR.

Je serai,
Tu seras,
Il sera.
Nous serons,
Vous serez
Ils seront.

FUTUR PASSÉ.

J'aurai été,
Tu auras été,
Il aura été.
Nous aurons été,
Vous aurez été,
Ils auront été.

CONDITIONNELS.

PRESENT.

Je serois,
Tu serois,

Il seroit.
Nous serions ,
Vous seriez,
Ils seroient.

PASSÉ.

J'aurois été,
Tu aurois été,
Il auroit été.
Nous aurions été ,
Vous auriez été,
Ils auroient été.

On dit aussi : *j'eusse été, tu eusses été, il eût été ; nous eussions été, vous eussiez été, ils eussent été.*

IMPÉRATIF.

Point de prem. personne.

Sois ,
Qu'il soit.
Soyons,
Soyez ,
Qu'ils soient.

SUBJONCTIF.

PRÉSENT.

Que je sois,
Que tu sois,
Qu'il soit.
Que nous soyons,
Que vous soyez,
Qu'ils soient.

IMPARFAIT.

Que je fusse ,
Que tu fusses,
Qu'il fût.
Que nous fussions,
Que vous fussiez,
Qu'ils fussent.

PRÉTÉRIT.

Que j'aie été,
Que tu aies été,
Qu'il ait été.
Que nous ayons été,
Que vous ayez été,
Qu'ils aient été.

PLUS—QUE—PARFAIT.

Que j'eusse été,
Que tu eusses été,
Qu'il eût été.
Que nous eussions été,
Que vous eussiez été,
Qu'ils eussent été.

INFINITIF.

PRÉSENT.

Être.

PRÉTÉRIT.

Avoir été.

PARTICIPES.

PRÉSENT.

Étant.

PASSÉ.

Été, ayant été

FUTUR.

Devant être.

INSTRUCTION SUR LA FORMATION
DES TEMPS DES VERBES.

D. *Comment se divisent les temps des Verbes ?*

R. Ils se divisent en temps simples et en temps composés.

Les temps *simples* sont ceux qui n'empruntent aucun des temps du verbe *avoir* ou du verbe *être*, et qui s'expriment par un seul mot, non compris le pronom. Exemple. Je *prie*, je *louois*, etc. Il y a onze temps simples.

Les temps *composés* sont ceux qui s'expriment par plusieurs mots; savoir, par un des temps auxiliaires *avoir* ou *être*, et par le participe passé du verbe que l'on conjugue, comme *j'ai aimé, je suis tombé*, etc. Il y a dix temps composés.

D. *Comment se divisent encore les temps des verbes ?*

R. Ils se divisent encore en temps primitifs et en temps dérivés.

Les temps *primitifs* sont ceux qui servent à former les autres temps dans les quatre conjugaisons, et qui ne sont eux-mêmes formés d'aucun autre.

Les temps *dérivés* sont ceux qui se forment des temps primitifs.

D. *Combien y a-t-il de temps primitifs ?*

R. Il y en a cinq.

1.° Le présent de l'infinitif.

1.° Le participe présent.

3.° Le participe passé.

4.° Le singulier du présent de l'indicatif (1).

5.° Le prétérit défini.

______

(1) Quand la première personne singulière du présent de l'indicatif est terminée par un *e* muet, on y ajoute **un**

D. *Que faut-il connoître pour bien conjuguer un verbe ?*

R. Il faut en connoître les cinq temps primitifs.

Il faut ensuite savoir comment les temps dérivés se forment des temps primitifs.

FORMATION DES TEMPS DÉRIVÉS.

(Le singulier seulement du présent de l'indicatif est primitif.)

D. *D'où se forme le pluriel du présent de l'indicatif ?*

R. Il se forme du participe présent (1) du verbe que l'on conjugue, en changeant :

---

s pour former la seconde personne ; et quand la première personne est terminée par *s* ou *x*, la seconde est semblable à la première.

Quand la première personne d'un verbe est terminée par un *e* muet, la troisième personne singulière est semblable à la première ; et quand la première personne est terminée par *s* ou *x*, la troisième est terminée par *t* ou par *d*.

Voici les verbes qui, au présent singulier de l'indicatif, ont la troisième personne terminée par *d* : *seoir*, qui signifie être convenable, *asseoir*, et *s'asseoir*, font, il *sied*, il *assied*, il *s'assied*, *répandre*, *épandre*, *prendre*, *apprendre*, *comprendre*, *déprendre*, *désapprendre*, *entreprendre*, *rapprendre*, *reprendre*, *surprendre*, *vendre*, *attendre*, *condescendre*, *défendre*, *dépendre*, *descendre*, *détendre*, *distendre*, *entendre*, *étendre*, *fendre*, *mévendre*, *pourfendre*, *prétendre*, *redescendre*, *refendre*, *rendre*, *revendre*, *sous-entendre*, *survendre*, *suspendre*, *tendre* ; *perdre*, *reperdre* ; *fondre*, *confondre*, *correspondre*, *morfondre*, *parfondre*, *pondre*, *refondre*, *repondre*, *tondre* ; *mordre*, *démordre*, *remordre*, *tordre*, *détordre*, *retordre* ; *coudre*, *découdre*, *recoudre*, *moudre*, *émoudre*, et enfin, *remoudre*, font il ou *elle répand*, il ou *elle prend*, etc., en retranchant seulement *re*, la terminaison de l'infinitif.

Vaincre et *convaincre*, font il *vainc*, il *convainc*.

(1) Dans les verbes qui ont le participe présent en *yant*, l'*y* se change en *i* simple dans toutes les personnes où cet

$$ant\text{, en}\begin{cases}ons\text{, pour la première personne.}\\ez\text{, pour la seconde (1).}\\ent\text{, pour la troisième (2).}\end{cases}$$

D. *D'où se forme l'imparfait de l'indicatif?*

R. Il se forme du participe présent du verbe que l'on conjugue, en changeant :

$$ant\text{, en}\begin{cases}ois\text{, pour la première personne du singulier.}\\ois\text{, pour la seconde.}\\oit\text{, pour la troisième.}\\ions\text{, pour la première personne du pluriel.}\\iez\text{, pour la seconde.}\\oient\text{, pour la troisième.}\end{cases}$$

(Le prétérit défini est un temps primitif.)

D. *D'où se forme le prétérit indéfini?*

R. Il se forme du présent de l'indicatif de l'auxiliaire *avoir*, et du participe passé du verbe que l'on conjugue.

Sing. J'ai
Tu as
Il *ou* elle a
Plur. Nous avons
Vous avez
Ils *ou* elles ont

eu, été, aimé, fini, reçu, rendu, etc.

D. *D'où se forme le prétérit antérieur défini?*

R. Il se forme du prétérit défini de l'auxiliaire

---

y seroit suivi d'un *e* muet, de quelque conjugaison que soit le verbe. Ex. J'*effraie*, tu *effraies*, il ou elle *effraie*, ils ou elles *effraient* ; je *paierai*, j'*appuierois* ; que je *croie*, que tu *essuies* ; qu'il ou qu'elle *nettoie*, qu'ils ou qu'elles *voient*.

(1) Les secondes personnes du pluriel dans les verbes sont ordinairement terminées par *z*.

(2) Les troisièmes personnes du pluriel dans les verbes finissent en *ent*, excepté celles du futur qui finissent par *ont*.

avoir, et du participe passé du verbe que l'on conjugue.

Sing. J'eus
Tu eus
Il *ou* elle eut
Plur. Nous eûmes
Vous eûtes
Ils *ou* elles eurent } eu, été, aimé, fini, reçu, rendu, etc.

Ce temps ne peut s'employer que pour exprimer une chose passée avant une autre dans un temps déterminé qui est entièrement écoulé. Ex. *Quand j'eus dîné, j'allai me promener* (1).

D. *D'où se forme le plus-que-parfait de l'indicatif?*

R. Il se forme de l'imparfait de l'indicatif de l'auxiliaire *avoir,* et du participe passé du verbe que l'on conjugue.

Sing. J'avois
Tu avois
Il *ou* elle avoit
Plur. Nous avions
Vous aviez
Ils *ou* elles avoient } eu, été, aimé, fini, çu, rendu, etc.

D. *D'où se forme le futur simple de l'indicatif?*

R. Pour les trois 1.res conjugaisons, il se forme

---

(1) D. *D'où se forme le prétérit antérieur indéfini?*

R. Le prétérit antérieur indéfini, ou le quatrième prétérit, dont on se sert rarement, se forme du prétérit indéfini de l'auxiliaire *avoir,* et du participe passé du verbe que l'on conjugue.

Sing. J'ai eu
Tu as eu
Il *ou* elle a eu
Plur. Nous avons eu
Vous avez eu
Ils *ou* elles ont eu } aimé, fini, reçu, rendu, etc.

du présent de l'infinitif du verbe que l'on conjugue, en ajoutant : '

> *ai*, pour la première personne du singulier.
> *as*, pour la deuxième.
> *a*, pour la troisième.
> *ons*, pour la première personne du pluriel.
> *ez*, pour la deuxième.
> *ont*, pour la troisième.

Pour la quatrième conjugaison, il se forme en changeant l'*e* final du présent de l'infinitif, en *ai*, etc., comme ci-devant pour le futur des trois premières conjugaisons.

EXEMPLE. *Chanter*, futur je chanter*ai* ; *unir*, j'u-nir*ai*; *prévoir*, je prévoir*ai*; *répandre*, je répandr*ai*.

D. *D'où se forme le futur passé de l'indicatif ?*

R. Il se forme du futur simple de l'auxiliaire *avoir*, et du participe passé du verbe que l'on conjugue.

Sing. J'aurai	
Tu auras	
Il *ou* elle aura	eu, été, aimé, fini, reçu,
Plur. Nous aurons	rendu, etc.
Vous aurez	
Ils *ou* elles auront	

D. *D'où se forme le conditionnel présent?*

R. Il se forme du futur simple de l'indicatif du verbe que l'on conjugue, en changeant :

Le verbe *avoir* et le verbe *être* n'ont point de quatrième prétérit. Il s'emploie pour exprimer une chose faite avant une autre dans un temps indéterminé, ou dans un temps déterminé qui n'est pas entièrement écoulé. Exemple : *Aussitôt que j'ai eu dîné, j'ai été me promener.*

rai, en
{
rois, pour la première personne du singulier.
rois, pour la deuxième.
roit, pour la troisième.
rions, pour la première personne du pluriel.
riez, pour la deuxième.
roient, pour la troisième.
}

D. *D'où se forme le conditionnel passé ?*

R. Il se forme du conditionnel présent de l'auxiliaire *avoir*, et du participe passé du verbe que l'on conjugue.

Sing.	J'aurois	
	Tu aurois	
	Il *ou* elle auroit	eu, été, aimé, fini, re-
Plur	Nous aurions	çu, rendu, etc.
	Vous auriez	
	Ils *ou* elles auroient	

D. *N'y a-t-il pas encore un conditionnel passé ?*

R. Il y a encore un conditionnel passé qui se forme en mettant, avant le participe passé du verbe que l'on conjugue, le prétérit défini de l'auxiliaire *avoir (j'eus)*, auquel prétérit on ajoute :

se, pour la première personne du singulier.

ses, pour la deuxième.

pour la troisième (1).

sions, pour la première personne du pluriel.

siez, pour la deuxième.

sent, pour la troisième.

---

(1) Pour former la troisième personne du singulier, on change l's du prétérit défini (j'eus) en *t*, observant de placer un accent circonflexe sur l'*u*. Ex. J'eus, seconde manière d'exprimer le conditionnel passé, troisième personne singulière, il *ou* elle eût aimé.

Sing. J'eusse
Tu eusses
Il *ou* elle eût
Plur. Nous eussions
Vous eussiez
Ils *ou* elles eussent } eu, été, aimé, fini, reçu, rendu, etc.

D. *D'où se forme l'impératif?*

R. L'impératif n'a point de première personne au singulier.

La 2.ᵉ personne du singulier se forme de la 1.ʳᵉ personne du présent de l'indicatif, en ôtant seulement le pronom *je.* La troisième personne du singulier est semblable à la troisième personne singulière du présent du subjonctif. La première et la seconde personne du pluriel sont semblables aux deux mêmes personnes du présent de l'indicatif (pronoms d'icelles retranchés). Et la troisième personne du pluriel est toujours semblable à la troisième personne plurielle du présent du subjonctif.

D. *D'où se forme le présent du subjonctif?*

R. Il se forme du participe présent du verbe que l'on conjugue, en changeant :

ant, en {
e muet, pour la première personne du sing.
es ,　　　pour la seconde.
e muet, pour la troisième.
ions,　　pour la première personne du plur.
iez ,　　pour la seconde.
ent,　　　pour la troisième.
}

PREMIÈRE REMARQUE. Tous les temps du subjonctif sont toujours précédés de la conjonction *que.*

DEUXIÈME REMARQUE. La première et la seconde personne du pluriel du présent du subjonctif sont semblables à la première et à la seconde personne du pluriel de l'imparfait de l'indicatif.

D. D'où se forme l'imparfait du subjonctif de la première conjugaison ?

R. Il se forme du prétérit défini du verbe que l'on conjugue, en changeant :

ai, en
{
asse, pour la première personne du sing.
asses, pour la seconde.
ât, pour la troisième.
assions, pour la première personne du plur.
assiez, pour la seconde.
assent, pour la troisième.
}

D. D'où se forme l'imparfait du subjonctif des trois dernières conjugaisons ?

R. Il se forme du prétérit défini du verbe que l'on conjugue, en ajoutant :

se, pour la première personne du singulier.
ses, pour la seconde.
pour la troisième. (1)
sions, pour la première personne du pluriel.
siez, pour la seconde.
sent, pour la troisième.

D. D'où se forme le prétérit du subjonctif ?

R. Il se forme du présent du subjonctif de l'auxiliaire *avoir,* et du participe passé du verbe que l'on conjugue.

---

(1) Pour former la troisième personne du singulier, on change *l's* du prétérit défini en *t,* ayant soin de revêtir de l'accent circonflexe la voyelle qui précède ce *t.* Exemples : Je reçus, je pris ; imparfait du subjonctif, troisième personne du singulier, qu'il *ou* qu'elle reçût, qu'il *ou* qu'elle prît.

Sing. Que j'aie
        Que tu aies
        Qu'il *ou* qu'elle ait
Plur. Que nous ayons   } eu, été, aimé, fini,
        Que vous ayez   reçu, rendu, etc.
        Qu'ils *ou* qu'elles aient

D. *D'où se forme le plus-que-parfait du subjonctif?*

R. Il se forme de l'imparfait du subjonctif de l'auxiliaire *avoir*, et du participe passé du verbe que l'on conjugue.

Sing. Que j'eusse
        Que tu eusses
        Qu'il *ou* qu'elle eût
Plur. Que nous eussions   } eu, été, aimé, fini,
        Que vous eussiez   reçu, rendu, etc.
        Qu'ils *ou* qu'elles eussent

(Le présent de l'infinitif est un temps primitif.)

D. *D'où se forme le prétérit de l'infinitif?*

R. Il se forme du présent de l'infinitif de l'auxiliaire *avoir*, et du participe passé du verbe que l'on conjugue.

Avoir eu, été, aimé, fini, reçu, rendu, etc.

(Le participe présent est un temps primitif.)
(Le participe passé est un temps primitif.)

D. *D'où se forme le futur de l'infinitif?*

R. Il se forme en mettant avant le présent de l'infinitif du verbe que l'on conjugue, le mot *devant*.

Devant avoir, être, aimer, finir, recevoir, rendre, etc.

Il y a quelques verbes neutres qui prennent l'auxiliaire *être* aux temps composés, ce sont : *aller, arriver, choir, déchoir, décéder, entrer, mourir, naître, partir, rester, sortir, tomber, venir,* et ses composés *devenir, intervenir, parvenir, revenir* et *survenir.*

La différence qu'il y a entre les verbes neutres qui prennent l'auxiliaire *avoir* aux temps composés, et ceux qui se conjuguent avec l'auxiliaire *être* aux mêmes temps composés, n'est pas grande ; elle consiste à substituer aux temps de l'auxiliaire *avoir,* les mêmes temps de l'auxiliaire *être.* Par exemple, pour former le prétérit indéfini du verbe *tomber,* au lieu d'ajouter au participe passé de ce verbe le présent de l'indicatif de l'auxiliaire *avoir,* qui est : j'*ai,* tu *as,* etc , j'y ajoute celui de l'auxiliaire *être,* qui est : je *suis,* tu *es,* etc., et j'ai : je *suis tombé* ou *tombée* (1) : tu *es tombé* ou *tombée,* etc. La règle est la même pour tous les autres temps composés.

Quelques verbes prennent indifféremment l'auxiliaire *avoir* ou l'auxiliaire *être.* Ces verbes sont : *accourir, apparoître, comparoître, disparoître, croître, accroître, décroître, recroître.* On dit également : *ils sont accourus, ils* ont *accouru ; il* est *disparu, il* a *disparu,* etc.

Mais d'autres prennent tantôt l'auxiliaire *avoir* et tantôt l'auxiliaire *être,* suivant le sens qu'on leur donne. Ces verbes sont : *accoucher, aller, cesser, demeurer, descendre, échapper, monter, passer, sortir, convenir.*

Règle. Les verbes dont nous venons de parler, doivent se conjuguer avec *avoir,* toutes les fois qu'ils sont suivis d'un régime, ou que sans être suivis d'un régime, ils marquent une action.

Mais ces mêmes verbes se conjuguent avec *être,*

---

(1) Ce participe est variable, c'est-à-dire qu'on ajoute *e,* si le sujet est feminin, et *s,* si le sujet est pluriel.

toutes les fois qu'ils expriment simplement l'état du sujet.

_____

Le maître apprendra à ses élèves, 1.º ce qu'il y a à observer par rapport aux verbes en *ger*, comme *manger*; en *eler*, comme *appeler*, en *eter*, comme *jeter*, *cacheter*; en *ayer*, *oyer*, *uyer*, comme *essayer*, *employer*, *appuyer*; en *ier*, comme *prier*; en *cer*, comme *effacer*; 2.º ce qui regarde les verbes dont le pénultième *e* est accentué, et ceux dont le pénultième *e* n'est pas accentué au présent de l'infinitif, comme *céder*, *achever*, etc.

Il leur fera de plus connoître que *fleurir*, quand il signifie pousser de la fleur, ou être en fleur, fait au participe présent et à l'imparfait de l'indicatif, *fleurissant*, *je fleurissois*; mais que quand on s'en sert au figuré, en parlant des arts, des sciences, des empires, etc., il fait *florissant* au participe présent, et *florissoit* à l'imparfait de l'indicatif. Exemple: Alors la poësie, l'éloquence *florissoient*; cet empire *florissoit*, un tel auteur *florissoit* en ce siècle-là.

REMARQUE. Dans les verbes de la première conjugaison, ainsi que dans ceux de la seconde dont le présent de l'indicatif se termine par un *e* muet, tels que *j'ouvre*, *je souffre*, la seconde personne de l'impératif, se formant de la première du présent de l'indicatif, se termine aussi par un *e* muet; mais on ajoute un *s* à la seconde personne de l'impératif, quand cette personne est suivie de l'un des pronoms *y* ou *en*. Exemples: *Portes-y du secours*, *donnes-en à ton frère*, *ouvres-en la porte*, *souffres-en la peine*. Mais il vaut mieux placer cet *s* entre deux traits d'union, comme on place le *t* dans *va-t-il*,

souffre-t-il, porte-t-il, etc., *et* écrire : *porte-s-y
du secours, donne-s-en à ton frère, offre-s-en à ta
sœur.*

Il ne faut pas confondre la préposition *en,* avec
le pronom *en.* Avec la préposition, il faut écrire :
*voyage en France, donne en tout temps des preuves
de ton courage,* sans ajouter *s* à la seconde personne de l'impératif.

---

*MANIÈRE de placer les terminaisons
pour faire conjuguer sur un tableau.*

Infinitif présent.	Participe présent.	Participe passé.	Présent de l'indicatif	Prétérit défini.

1	2	3	1	2	3
. . .	. . .	. . .	ons,	ez,	ent.
ois,	ois,	oit,	ions,	iez,	oient.
ai,	as,	a,	ons,	ez,	ont.
rois,	rois,	roit,	rions,	riez,	roient.
(o)	( ),	e,	ons,	ez,	ent.
e,	es,	e,	ions,	iez,	ent.

On choisira des deux imparfaits du subjonctif celui
qui conviendra au verbe conjugué.

1.re conju. *asse, asses, ât, assions, assiez, assent.*
3 dernières conj. *se, ses, ( ) sions, siez, sent.*

Conjugaison du Verbe ADMIRER.

Admirer	Admirant	Admiré	J'admire	J'admirai

			1	2	3	1	2	3
Admir			ons,	ez,	ent.
Admir .	ois,	ois,	oit,	ions,	iez,	oient.
Admirer.	ai,	as,	a,	ons,	ez,	ont.
Admire.	rois,	rois,	roit,	rions,	riez,	roient
Admir. (o) (admire),	(qu') e,	ons,	ez,	(qu') ent.
Que { Admir...e,	es,	(qu') e,	ions,	iez,	(qu') ent
Admir. asse,	asses,	(qu') ât,	assions,	assiez,	(qu') assent.

Conjugaison du Verbe RENDRE.

Rendre.	Rendant.	Rendu.	Je rends.	Je rendis.

			1	2	3	1	2	3
Rend			ons,	ez,	ent.
Rend .	ois,	ois,	oit,	ions,	iez,	oient.
Rendr.	ai,	as,	a,	ons,	ez,	ont.
Rend .	rois,	rois,	roit,	rions,	riez,	roient.
Rend . (o) (rends),	(qu') e,	ons,	ez,	(qu') ent.
Que { Rend. e,	es,	(qu') e,	ions,	iez,	(qu) ent.
Rendis. se,	ses,	(qu'il rendît),	sions,	siez	(qu') sent.

Les verbes conjugués sur le tableau ne représentent, comme on le voit, aucun des temps composés ; ces temps se conjuguent de cette sorte : par exemple, un des élèves ayant demandé à celui qui opère, « *d'où se forme le prétérit indéfini ?* » ce dernier répond : « Le prétérit indéfini se forme du
» présent de l'indicatif du verbe auxiliaire *avoir*,
» et du participe passé du verbe que l'on conjugue.
» J'ai, tu as, il *ou* elle a, nous avons, vous avez, ils
» *ou* elles ont ; puis il montrera (avec la baguette),

dans les cinq temps primitifs, le participe passé du verbe en le prononçant. Il en sera de même pour tous les autres temps composés.

Quant aux verbes neutres qui prennent l'auxiliaire *être* aux temps composés, on pourra les faire conjuguer sur le tableau de la manière suivante Par exemple :

L'élève, étant arrivé à la réponse de la formation du prétérit indéfini des verbes *tomber* et *partir*, s'exprimera ainsi : « Le prétérit indéfini se forme du
» présent de l'indicatif du verbe auxiliaire *être*, et
» du participe passé du verbe que l'on conjugue. Je
» suis tombé, *b, e, bé*, accent aigu sur l'*e, ou* tom-
» bée, *b, e, e, bée*, accent aigu sur le premier *e*,
» tu es tombé *ou* tombée, il est tombé *ou* elle est
» tombée ; nous sommes tombés, *b, e, s, bés*,
» accent aigu sur l'*e, ou* tombées, *b, e, e, s, bées*,
» accent aigu sur le premier *e*, vous êtes tombés *ou*
» tombées, ils sont tombés *ou* elles sont tombées. »
Ou : « Je suis parti, *t, i, ti, ou* partie, *t, i, e,*
» *tie*, tu es parti *ou* partie, il est parti *ou* elle est
» partie ; nous sommes partis, *t, i, s, tis, ou* parties,
» *t, i, e, s, ties*, vous êtes partis *ou* parties, ils sont
» partis *ou* elles sont parties » ; se contentant de dire les terminaisons à la première personne du singulier, et à la première du pluriel. On observera la même règle pour les autres temps composés.

Pour les verbes irréguliers, on écrira entre parenthèses les personnes et les temps qui ne sont pas soumis aux règles de la formation : au-dessus de la personne irrégulière, on mettra ce signe : (p. exc.) qui veut dire *par exception;* mais on le placera en tête d'un temps entièrement irrégulier, comme le démontre la conjugaison du verbe *faire.*

C

Présent de l'infinitif.	Participe présent.	Participe passé.	Présent de l'indicatif.	Prétérit défini.
Faire.	Faisant.	Fait.	Je fais.	Je fis.

1	2	3	1	2	3

P. EXC.   P. EXC.

Fais. . . . . ons, [vous faites], [ils font].
Fais. *ois, ois, oit, ions*, *iez*, *oient*.
P. EXC. Fer. *ai, as, a, ons*, *ez*, *ont*.
Fe.. *rois, rois, roit, rions*, *riez*, *roient*.

P. EXC.   P. EXC.   P. EXC.

Fais. [o] [fais], [qu'il fasse], *ons*, [faites], [qu'ils fassent].
P. EXC. que Fass. *e, es*, [qu'] *e, ions, iez*, [qu'] *ent*.
que Fis. *se, ses*, [qu'il fît], *sions, siez*, [qu'] *sent*.

Pour les personnes et les temps non usités, au lieu du signe précédent, on mettra celui-ci: (*H. d'us.*) qui veut dire *hors d'usage.*

Nota. On est libre de désigner les personnes et les temps, irréguliers et non usités, par tout autre signe que ceux ci-devant indiqués.

AVIS IMPORTANT.

Avant d'apprendre la formation des temps, il faut que les élèves sachent bien depuis le commencement jusqu'à la fin le Verbe auxiliaire *être.*

PREMIÈRE CONJUGAISON.
En JR.

INDICATIF.

PRÉSENT.

J'aime,
Tu aimes,
Il, *ou* elle aime.
Nous aimons,
Vous aimez,
Ils, *ou* elles aiment.

IMPARFAIT.

J'aimois,
Tu aimois,
Il, *ou* elle aimoit.
Nous aimions,
Vous aimiez,
Ils, *ou* elles aimoient.

PRÉTÉRIT DÉFINI.

J'aimai,
Tu aimas,
Il aima.
Nous aimâmes,
Vous aimâtes,
Ils aimèrent.

PRÉTÉRIT INDÉFINI.

J'ai aimé,
Tu as aimé,
Il a aimé.
Nous avons aimé,
Vous avez aimé,
Ils ont aimé.

PRÉTÉRIT ANTÉRIEUR.

J'eus aimé,
Tu eus aimé,
Il eut aimé.
Nous eûmes aimé,
Vous eûtes aimé,
Ils eurent aimé. (1)

PLUS-QUE-PARFAIT.

J'avois aimé,
Tu avois aimé,
Il avoit aimé.
Nous avions aimé,
Vous aviez aimé,
Ils avoient aimé.

FUTUR.

J'aimerai,
Tu aimeras,
Il aimera.

(1) Il y a un quatrième prétérit dont on se sert rarement; le voici :

J'ai eu aimé,
Tu as eu aimé,
Il a eu aimé.
Nous avons eu aimé,
Vous avez eu aimé,
Ils ont eu aimé.

Nous aimerons,
Vous aimerez,
Ils aimeront.

FUTUR PASSÉ.

J'aurai aimé,
Tu auras aimé,
Il aura aimé.
Nous aurons aimé,
Vous aurez aimé,
Ils auront aimé.

CONDITIONNELS.

PRESENT.

J'aimerois,
Tu aimerois,
Il aimeroit.
Nous aimerions,
Vous aimeriez,
Ils aimeroient.

PASSÉ.

J'aurois aimé,
Tu aurois aimé,
Il auroit aimé.
Nous aurions aimé,
Vous auriez aimé,
Ils auroient aimé.

On dit aussi : *j'eusse aimé, tu-eusses aimé, il eût aimé ; nous eussions aimé, vous eussiez aimé, ils eussent aimé.*

IMPÉRATIF.

Point de prem. personne.
Aime,
Qu'il aime.

Aimons,
Aimez,
Qu'ils aiment.

SUBJONCTIF.

PRÉSENT ou FUTUR.

Que j'aime,
Que tu aimes,
Qu'il aime.
Que nous aimions,
Que vous aimiez,
Qu'ils aiment.

IMPARFAIT.

Que j'aimasse,
Que tu aimasses,
Qu'il aimât.
Que nous aimassions
Que vous aimassiez,
Qu'ils aimassent.

PRETERIT.

Que j'aie aimé,
Que tu aies aimé,
Qu'il ait aimé.
Que nous ayons aimé,
Que vous ayez aimé,
Qu'ils aient aimé.

PLUS-QUE-PARFAIT.

Que j'eusse aimé,
Que tu eusses aimé,
Qu'il eût aimé.
Que nous eussions aimé,
Que vous eussiez aimé,
Qu'ils eussent aimé.

INFINITIF.

PRESENT.

Aimer.

PRÉTÉRIT.	PASSÉ.
Avoir aimé.	Aimé, aimée, ayant aimé.
PARTICIPES.	FUTUR.
PRÉSENT.	Devant aimer.
Aimant.	

Ainsi se conjuguent les Verbes *chanter, danser, manger, appeler,* et tous ceux dont l'infinitif se termine en *er*.

SECONDE CONJUGAISON.

En IR.

INDICATIF.

PRÉSENT.	Il finit.
Je finis,	Nous finîmes,
Tu finis,	Vous finîtes,
Il finit.	Ils finirent.
Nous finissons,	**PRÉTÉRIT INDÉFINI.**
Vous finissez,	J'ai fini,
Ils finissent.	Tu as fini,
IMPARFAIT.	Il a fini.
Je finissois,	Nous avons fini,
Tu finissois,	Vous avez fini,
Il finissoit.	Ils ont fini.
Nous finissions,	**PRÉTÉRIT ANTÉRIEUR.**
Vous finissiez,	J'eus fini, (1)
Ils finissoient.	Tu eus fini,
PRÉTÉRIT DÉFINI.	Il eut fini.
Je finis,	Nous eûmes fini,
Tu finis,	

(1) Il y a un quatrième prétérit, mais on s'en sert rarement; le voici :

J'ai eu fini,	Nous avons eu fini,
Tu as eu fini,	Vous avez eu fini,
Il a eu fini.	Ils ont eu fini.

Vous eûtes fini,
Ils eurent fini.

PLUS-QUE-PARFAIT.

J'avois fini,
Tu avois fini
Il avoit fini.
Nous avions fini,
Vous aviez fini,
Ils avoient fini.

FUTUR.

Je finirai,
Tu finiras,
Il finira.
Nous finirons,
Vous finirez,
Ils finiront.

FUTUR PASSÉ.

J'aurai fini,
Tu auras fini,
Il aura fini,
Nous aurons fini,
Vous aurez fini,
Ils auront fini.

CONDITIONNELS.

PRÉSENT.

Je finirois,
Tu finirois,
Il finiroit.
Nous finirions,
Vous finiriez,
Ils finiroient.

PASSÉ.

J'aurois fini,
Tu aurois fini,

Il auroit fini.
Nous aurions fini,
Vous auriez fini,
Ils auroient fini.

On dit aussi : *j'eusse fini, tu eusses fini, il eût fini; nous eussions fini, vous eussiez fini, ils eussent fini.*

IMPÉRATIF.

Point de prem. personne.
Finis,
Qu'il finisse.
Finissons,
Finissez,
Qu'ils finissent.

SUBJONCTIF.

PRESENT *ou* FUTUR.

Que je finisse,
Que tu finisses,
Qu'il finisse.
Que nous finissions,
Que vous finissiez,
Qu'ils finissent.

IMPARFAIT.

Que je finisse,
Que tu finisses,
Qu'il finît.
Que nous finissions,
Que vous finissiez,
Qu'ils finissent.

PRÉTÉRIT.

Que j'aie fini,
Que tu aies fini,

Qu'il ait fini.
Que nous ayons fini,
Que vous ayez fini,
Qu'ils aient fini.

PLUS-QUE-PARFAIT.

Que j'eusse fini,
Que tu eusses fini,
Qu'il eût fini.
Que nous eussions fini,
Que vous eussiez fini,
Qu'ils eussent fini.

INFINITIF.

PRESENT.

Finir.

PRETERIT.

Avoir fini.

PARTICIPES.

PRÉSENT.

Finissant.

PASSÉ.

Fini, finie, ayant fini.

FUTUR.

Devant finir.

Ainsi se conjuguent *avertir*, *guérir*, *ensevelir*, *bénir*; mais ce dernier a deux participes, *bénit*, *bénite*, pour les choses consacrées par les prières des prêtres: *béni*, *bénie*, par-tout ailleurs. *Haïr*; mais ce verbe fait au présent de l'indicatif je *hais*, tu *hais*, il *hait*, qu'on prononce je *hès*, tu *hès*, il *hèt*.

TROISIÈME. CONJUGAISON.

En OIR.

INDICATIF.

PRÉSENT.

Je reçois,
Tu reçois,
Il reçoit.
Nous recevons,
Vous recevez,
Ils reçoivent.

IMPARFAIT.

Je recevois,
Tu recevois,
Il recevoit.
Nous recevions,

Vous receviez,
Ils recevoient.

PRETÉRIT DÉFINI.

Je reçus,
Tu reçus,
Il reçut.
Nous reçûmes,
Vous reçûtes,
Ils reçurent.

PRÉTÉRIT INDÉFINI.

J'ai reçu,
Tu as reçu,

Il a reçu.
Nous avons reçu,
Vous avez reçu,
Ils ont reçu.

PRÉTÉRIT ANTÉRIEUR.

J'eus reçu,
Tu eus reçu,
Il eut reçu.
Nous eûmes reçu,
Vous eûtes reçu,
Ils eurent reçu. (1)

PLUS-QUE-PARFAIT.

J'avois reçu,
Tu avois reçu,
Il avoit reçu.
Nous avions reçu,
Vous aviez reçu,
Ils avoient reçu.

FUTUR.

Je recevrai,
Tu recevras,
Il recevra.
Nous recevrons,
Vous recevrez,
Il recevront.

FUTUR PASSÉ.

J'aurai reçu,
Tu auras reçu,

Il aura reçu.
Nous aurons reçu,
Vous aurez reçu,
Ils auront reçu.

CONDITIONNELS.

PRÉSENT.

Je recevrois,
Tu recevrois,
Il recevroit.
Nous recevrions,
Vous recevriez,
Ils recevroient.

PASSÉ.

J'aurois reçu,
Tu aurois reçu,
Il auroit reçu.
Nous aurions reçu,
Vous auriez reçu,
Il auroient reçu.

On dit aussi : *j'eusse reçu, tu eusses reçu, il eût reçu ; nous eussions reçu, vous eussiez reçu, ils eussent reçu.*

IMPERATIF.

Point de prem. personne.
Reçois,
Qu'il reçoive.

(1) Il y a un quatrième prétérit dont on se sert rarement ; le voici :

J'ai eu reçu,
Tu as eu reçu,
Il a eu reçu.

Nous avons eu reçu,
Vous avez eu reçu,
Ils ont eu reçu.

Recevons,
Recevez,
Qu'ils reçoivent.

Que nous ayons reçu,
Que vous ayez reçu,
Qu'ils aient reçu.

SUBJONCTIF.

PRÉSENT *ou* FUTUR.

Que je reçoive,
Que tu reçoives,
Qu'il reçoive.
Que nous recevions,
Que vous receviez,
Qu'ils reçoivent.

IMPARFAIT.

Que je reçusse,
Que tu reçusses,
Qu'il reçût.
Que nous reçussions,
Que vous reçussiez,
Qu'ils reçussent.

PRÉTÉRIT.

Que j'aie reçu,
Que tu aies reçu,
Qu'il ait reçu.

PLUS-QUE-PARFAIT.

Que j'eusse reçu,
Que tu eusses reçu,
Qu'il eût reçu.
Que nous eussions reçu,
Que vous eussiez reçu,
Qu'ils eussent reçu.

INFINITIF.

PRÉSENT.

Recevoir.

PRÉTÉRIT.

Avoir reçu.

PARTICIPES.

PRÉSENT.

Recevant.

PASSÉ.

Reçu, reçue, ayant reçu.

FUTUR.

Devant recevoir.

Ainsi se conjuguent *apercevoir, concevoir, devoir, percevoir.*

QUATRIÈME CONJUGAISON.
En RE.
INDICATIF.

PRÉSENT.

Je rends,
Tu rends,
Il rend.
Nous rendons,
Vous rendez,

Ils rendent.

IMPARFAIT.

Je rendois,
Tu rendois,
Il rendoit.
Nous rendions,

Vous rendiez,
Ils rendoient.

PRÉTÉRIT DÉFINI.

Je rendis,
Tu rendis,
Il rendit.
Nous rendîmes,
Vous rendîtes,
Ils rendirent.

PRÉTÉRIT INDÉFINI.

J'ai rendu,
Tu as rendu,
Il a rendu.
Nous avons rendu,
Vous avez rendu,
Ils ont rendu.

PRÉTÉRIT ANTÉRIEUR.

J'eus rendu,
Tu eus rendu,
Il eut rendu.
Nous eûmes rendu,
Vous eûtes rendu,
Ils eurent rendu. (1)

PLUS-QUE-PARFAIT.

J'avois rendu,
Tu avois rendu,
Il avoit rendu.
Nous avions rendu,
Vous aviez rendu,

Ils avoient rendu.

FUTUR.

Je rendrai,
Tu rendras,
Il rendra.
Nous rendrons,
Vous rendrez,
Ils rendront.

FUTUR PASSÉ.

J'aurai rendu,
Tu auras rendu,
Il aura rendu.
Nous aurons rendu,
Vous aurez rendu,
Ils auront rendu.

CONDITIONNELS.

PRÉSENT.

Je rendrois,
Tu rendrois,
Il rendroit.
Nous rendrions,
Vous rendriez,
Ils rendroient.

PASSÉ.

J'aurois rendu,
Tu aurois rendu,
Il auroit rendu.
Nous aurions rendu,
Vous auriez rendu,

(1) Il y a un quatrième prétérit, mais on s'en sert rarement ; le voici :

J'ai eu rendu,
Tu as eu rendu,
Il a eu rendu.

Nous avons eu rendu,
Vous avez eu rendu,
Ils ont eu rendu.

Ils auroient rendu.

On dit aussi : *j'eusse rendu, tu eusses rendu, il eût rendu ; nous eussions rendu, vous eussiez rendu, ils eussent rendu.*

IMPÉRATIF.

Point de prem. personne.
Rends,
Qu'il rende.
Rendons,
Rendez,
Qu'ils rendent.

SUBJONCTIF.

PRÉSENT *ou* FUTUR.

Que je rende,
Que tu rendes,
Qu'il rende.
Que nous rendions,
Que vous rendiez,
Qu'ils rendent.

IMPARFAIT.

Que je rendisse,
Que tu rendisses,
Qu'il rendît.
Que nous rendissions,
Que vous rendissiez,
Qu'ils rendissent.

PRÉTÉRIT.

Que j'aie rendu.
Que tu aies rendu,
Qu'il ait rendu.
Que nous ayons rendu,
Que vous ayez rendu,
Qu'ils aient rendu.

PLUS-QUE-PARFAIT.

Que j'eusse rendu,
Que tu eusses rendu,
Qu'il eût rendu.
Que nous eussions rendu,
Que vous eussiez rendu,
Qu'ils eussent rendu.

INFINITIF.

PRÉSENT.

Rendre.

PRÉTÉRIT.

Avoir rendu.

PARTICIPES.

PRÉSENT.

Rendant.

PASSÉ.

Rendu, rendue, ayant rendu.

FUTUR.

Devant rendre.

Ainsi se conjuguent *attendre, entendre, suspendre, vendre, croître, conduire, craindre, perdre, taire,* etc.

REMARQUE. Dans la quatrième Conjugaison, il n'y a que les Verbes terminés à l'infinitif en *dre,* comme *rendre, perdre,* etc., qui prennent un *d* à la troisième personne du singulier de l'indicatif : les autres Verbes prennent un *t,* excepté *vaincre, convaincre,* qui font il *vainc,* il *convainc.*

DES TEMPS PRIMITIFS.

On appelle *Temps primitifs* d'un Verbe, ceux qui servent à former les autres temps dans les quatre conjugaisons.

TABLEAU DES TEMPS PRIMITIFS.

	PRÉSENT de l'infinitif.	PARTICIPE présent.	PARTICIPE passé.	PRÉSENT de l'indicatif.	PRÉTÉRIT de l'indicatif.
PREMIÈRE CONJUGAISON.	Aimer,	Aimant,	Aimé,	J'aime,	J'aimai.
SECONDE CONJUGAISON.	Finir, Sentir, Ouvrir, Tenir,	Finissant, Sentant, Ouvrant, Tenant,	Fini, Senti, Ouvert, Tenu,	Je finis, Je sens, J'ouvre, Je tiens,	Je finis. Je sentis. J'ouvris. Je tins.
TROISIÈME CONJUGAISON.	Recevoir,	Recevant,	Reçu,	Je reçois,	Je reçus.
QUATRIÈME CONJUGAISON.	Rendre, Plaire, Paroître, Réduire, Plaindre,	Rendant, Plaisant, Paroissant, Réduisant, Plaignant,	Rendu, Plu, Paru, Réduit, Plaint,	Je rends, Je plais, Je parois, Je réduis, Je plains,	Je rendis. Je plus. Je parus. Je réduisis. Je pleignis.

I.

Du présent de l'indicatif se forme l'impératif, en ôtant seulement le pronom *je*; exemples : *j'aime*, Impératif *aime*; *je finis*, Impératif *finis*; *je reçois*, Impératif *reçois*; *je rends*, Impératif *rends*.

Excepté quatre Verbes : *je suis*, Impératif *sois*; *j'ai*, Impératif *aie*; *je vais*, Impératif *va*; *je sais*, Impératif *sache*.

II.

Du prétérit de l'indicatif se forme l'imparfait du Subjonctif, en changeant *ai* en *asse* pour la première conjugaison : *j'aimai*, imparfait du Subjonctif, *que j'aimasse*; et en ajoutant seulement *se* pour les trois autres conjugaisons : *je finis*, *je finisse*; *je reçus*, *je reçusse*; *je rendis*, *je rendisse*.

III.

Du présent de l'Infinitif on forme :

1.º Le futur de l'indicatif en changeant *r* ou *re* en *rai*; exemples : *aimer*, *j'aimerai*; *finir*, *je finirai*; *rendre*, *je rendrai*.

EXCEPTIONS.

I.re Conjugaison. *Aller*, futur *j'irai*; *envoyer*, *j'enverrai*.

II.e Conjugaison. *Tenir*, futur *je tiendrai*; *venir*, *je viendrai*; *courir*, *je courrai*; *cueillir*, *je cueillerai*; *mourir*, *je mourrai*; *acquérir*, *j'acquerrai*.

III.e Conjugaison. *Recevoir*, futur *je recevrai*; *avoir*, *j'aurai*; *échoir*, *j'écherrai*; *pouvoir*, *je pourrai*; *savoir*, *je saurai*; *s'asseoir*, *je m'asseyerai*; *voir*, *je verrai*; *vouloir*, *je voudrai*; *valoir*, *je vaudrai*; *falloir*, *il faudra*; *pleuvoir*, *il pleuvra*.

IV.e Conjugaison. *Faire*, futur *je ferai*; *être*, *je serai*.

2.º Du futur de l'indicatif on forme le conditionnel

présent, en changeant *rai* en *rois* sans exception : *j'aimerai*, conditionnel, *j'aimerois ; je finirai, je finirois ; je recevrai ; je recevrois ; je rendrai, je rendrois.*

IV.

Du participe présent on forme :

1.° L'Imparfait de l'Indicatif, en changeant *ant* en *ois* : *aimant*, imparfait, *j'aimois ; finissant, je finissois ; recevant, je recevois ; rendant, je rendois.*

EXCEPTIONS.

Il n'y a que deux exceptions : *ayant, j'avois ; sachant, je savois.*

2.° Du même participe on forme la première personne plurielle du présent de l'Indicatif, en changeant *ant* en *ons* : *aimant, nous aimons ; finissant, nous finissons ; recevant, nous recevons ; rendant, nous rendons.*

Excepté : *étant, nous sommes ; ayant, nous avons ; sachant, nous savons.*

On forme aussi la seconde personne plurielle en *ez* : *vous aimez, vous finissez, vous recevez, vous rendez.*

Excepté : *faisant, vous faites ; disant, vous dites.*

Et la troisième personne en *ent* : *ils aiment, ils finissent,* etc.

3.° Du même participe présent on forme le présent du Subjonctif, en changeant *ant* en *e* muet : *aimant, que j'aime ; finissant, que je finisse ; rendant, que je rende.*

EXCEPTIONS.

Ire Conjugaison. *Allant, que j'aille.*

IIe Conjugaison. *Tenant, que je tienne ; venant, que je vienne ; acquérant, que j'acquière.*

IIIe Conjugaison. *Recevant, que je reçoive ; pou-*

vant, que je puisse ; valant, que je vaille ; voulant, que je veuille (1) ; mouvant, que je meuve ; fallant, qu'il faille.

IV.e Conjugaison. *Buvant, que je boive ; faisant, que je fasse ; étant, que je sois.*

V.

Du participe passé on forme tous les temps composés (de deux mots) en y joignant les temps des verbes auxiliaires *avoir, être ;* comme *j'ai aimé, j'ai fini, j'ai reçu, j'ai rendu; j'avois aimé, j'avois fini, j'avois reçu, j'avois rendu ; j'aurai aimé, j'aurai fini, j'aurai reçu, j'aurai rendu ; que j'eusse aimé, que j'eusse fini, que j'eusse reçu, que j'eusse rendu,* etc.

VERBES IRRÉGULIERS.

On appelle *irréguliers,* les Verbes qui ne suivent pas toujours la règle générale des conjugaisons.

Plusieurs de ces verbes ne sont pas usités à certains temps et à certaines personnes.

[1] *Que tu veuilles, qu'il veuille ; que nous voulions, que vous vouliez, qu'ils veuillent.*

TEMPS PRIMITIFS
DES VERBES IRRÉGULIERS.

Présent de l'Infinitif.	Participe présent.	Participe passé.	Présent de l'indicatif.	Prétérit de l'indicatif.
PREMIÈRE CONJUGAISON.				
Aller, Puer,	Allant, Puant	Allé,	Je vais, Je pus,	J'allai. Je puai.

SECONDE CONJUGAISON.

Présent de l'infinitif.	Participe présent.	Participe passé.	Présent de l'indicatif.	Prétérit de l'indicatif.
Courir,	Courant,	Couru,	Je cours,	Je courus.
Cueillir,	Cueillant,	Cueilli,	Je cueille,	Je cueillis.
Fuir,	Fuyant,	Fui,	Je fuis,	Je fuis.
Mourir,	Mourant,	Mort,	Je meurs,	Je mourus.
Faillir,		Failli,		Je faillis.
Acquérir,	Acquérant,	Acquis,	J'acquiers,	J'acquis.
Saillir,	Saillant,	Sailli,	Il saille,	Il saillit.
Tressaillir,	Tressaillant,	Tressailli,	Je tressaille,	Je tressaillis.
Vetir,	Vêtant,	Vêtu,	Je vêts,	Je vêtis.
Revêtir,	Revêtant,	Revêtu,	Je revêts,	Je revêtis.

TROISIÈME CONJUGAISON.

Présent de l'infinitif.	Participe présent.	Participe passé.	Présent de l'indicatif.	Prétérit de l'indicatif.
Choir,		Chu,		
Déchoir,		Déchu,	Je déchois,	Je déchus.
Echoir,	Echéant,	Echu,	Il échet,	J'échus.
Falloir,		Fallu,	Il faut,	Il fallut.
Mouvoir,	Mouvant,	Mû,	Je meus,	Je mus.
Pleuvoir,	Pleuvant,	Plû,	Il pleut,	Il plut.
Pouvoir,	Pouvant,	Pu,	Je puis,	Je pus.
Savoir,	Sachant,	Su,	Je sais,	Je sus.
S'asseoir,	S'asseyant,	Assis,	Je m'assieds,	Je m'assis.
Surseoir,		Sursis,	Je surseois	Je sursis.
Valoir,	Valant,	Valu,	Je vaux,	Je valus.
Voir,	Voyant,	Vu,	Je vois,	Je vis.
Pourvoir,	Pourvoyant,	Pourvu,	Je pourvois,	Je pourvus.
Vouloir,	Voulant,	Voulu,	Je veux,	Je voulus.

QUATRIÈME CONJUGAISON.

Présent de l'infinitif.	Participe présent.	Participe passé.	Présent de l'indicatif.	Prétérit de l'indicatif.
Battre,	Battant,	Battu,	Je bats,	Je battis.
Boire,	Buvant,	Bu,	Je bois,	Je bus.

Présent de l'infinitif.	Participe présent.	Participe passé.	Présent de l'indicatif.	Prétérit de l'indicatif.
			SUITE DE LA QUATRIÈME CONJUGAISON.	
Braire,			Il brait,	
Bruire,	Bruyant,			
Circoncire,		Circoncis,	Je circoncis,	Je circoncis.
Clorre,		Clos,	Je clos,	
Conclure,	Concluant,	Conclu,	Je conclus,	Je conclus
Confire,		Confit,	Je confis,	Je confis.
Coudre,	Cousant,	Cousu,	Je couds,	Je cousis.
Croire,	Croyant,	Cru,	Je crois,	Je crus.
Dire,	Disant,	Dit,	Je dis,	Je dis.
Maudire,	Maudissant,	Maudit,	Je maudis,	Je maudis.
Écrire,	Écrivant,	Écrit,	J'écris,	J'écrivis.
Exclure,	Excluant,	Exclus,	J'exclus,	J'exclus.
Faire,	Faisant,	Fait,	Je fais,	Je fis.
Prendre,	Prenant,	Pris,	Je prends,	Je pris.
Lire,	Lisant,	Lu,	Je lis,	Je lus.
Luire,	Luisant,	Lui,	Je luis,	
Mettre,	Mettant,	Mis,	Je mets,	Je mis.
Moudre,	Moulant,	Moulu,	Je mouds,	Je moulus.
Naître,	Naissant,	Né,	Je nais,	Je naquis.
Nuire,	Nuisant,	Nui,	Je nuis,	Je nuisis.
Rire,	Riant,	Ri,	Je ris,	Je ris.
Rompre,	Rompant,	Rompu,	Je romps.	Je rompis.
Absoudre,	Absolvant,	Absous,	J'absous,	
Resoudre,	Resolvant,	Resous,	Je resous,	Je resolus.
		Résolu,		
Suffire,	Suffisant,	Suffi,	Je suffis,	Je suffis.
Suivre,	Suivant,	Suivi,	Je suis,	Je suivis.
Traire,	Trayant,	Trait,	Je trais,	
Vaincre,	Vainçant,	Vaincu,	Je vaincs,	Je vainquis.
Vivre,	Vivant,	Vécu,	Je vis,	Je vécus.

Nous ne marquons pas les Verbes *composes*, parce qu'ils suivent la conjugaison de leurs *simples* ; par exemple : les composés *promettre*, *admettre*, etc., se conjuguent comme le Verbe simple *mettre*.

Au moyen de cette table, et des règles que nous avons données sur la formation des temps, il n'y a point de Verbe qu'on ne puisse conjuguer.

ACCORD DES VERBES AVEC LEUR NOMINATIF OU SUJET.

On appelle *sujet* ou *nominatif* d'un Verbe, ce qui est, ou qui fait la chose qu'exprime le Verbe. On trouve le nominatif en mettant *qui est-ce qui?* devant le Verbe. La réponse à cette question indique le *nominatif*; quand je dis : *l'enfant est sage ; qui est-ce qui est sage?* Réponse, *l'enfant :* voilà le nominatif ou sujet du Verbe *est. Le lièvre court; qui est-ce qui court?* Réponse, le *lièvre :* voilà le nominatif du verbe *court.*

RÈGLE.

Tout verbe doit être du même nombre et de la même personne que son nominatif ou sujet.

EXEMPLES..

Je parle ; parle est du nombre singulier et de la première personne, parce que *je,* son nominatif, est du singulier et de la première personne. *Vous parlez tous deux ; parlez* est du nombre pluriel, et de la seconde personne, parce que *vous* est au nombre pluriel, et de la seconde personne.

I.ere REMARQUE. Quand un Verbe a deux sujets singuliers, on met ce verbe au pluriel.

EXEMPLE. *Mon frère et ma sœur* lisent.

II.e REMARQUE. Quand les deux sujets sont de différentes personnes, on met le Verbe à la plus noble personne. La première est plus noble que la seconde ; la seconde est plus noble que la troisième.

EXEMPLES. *Vous et moi,* nous lisons.

Vous et votre frère, vous lisez.

(La politesse françoise veut qu'on nomme d'abord

la personne à qui l'on parle, et qu'on se nomme le dernier.)

RÉGIME DES VERBES ACTIFS.

On appelle Verbe *actif*, celui après lequel on peut mettre *quelqu'un*, *quelque chose*. *Aimer* est un Verbe actif, parce qu'on peut dire : *aimer quelqu'un*. Par exemple : *j'aime Dieu*. Ce mot qui suit le Verbe actif, s'appelle le *régime* de ce Verbe. On connoît le régime en faisant la question *qu'est-ce que ?* Exemple : *qu'est-ce que j'aime ?* Réponse, *Dieu*. *Dieu* est le régime du verbe *j'aime*.

RÈGLE.

Le régime d'un Verbe actif se place ordinairement après le Verbe (quand ce n'est pas un pronom.)

Exlmples. *J'aime Dieu.*

Le chat mange la souris ; la souris est le régime du Verbe *mange*.

Mais quand le régime est un pronom, il se met devant le Verbe.

EXEMPLES.

Je vous *aime*, pour *j'aime* vous ; *il* m'*aime*, pour *il aime* moi.

Remarque. Outre ce premier régime, qu'on appelle *direct*, certains Verbes actifs peuvent avoir un second régime, qu'on appelle *indirect* ; ce second régime se marque par les mots *à* ou *de* ; comme : *donner une image à l'enfant ; enseigner la grammaire à l'enfant ; écrire une lettre à son ami : à l'enfant*, est le régime indirect des Verbes *donner*, *enseigner* ; *à son ami*, est le régime indirect du Verbe *écrire*. *Accuser quelqu'un de mensonge ; avertir quelqu'un d'une faute ; délivrer quelqu'un du danger : de mensonge*, est le régime indirect du Verbe *accuser*, etc.

Tout Verbe actif a un passif ; ce passif se forme

en prenant le régime *direct* de l'actif, pour en faire le nominatif du Verbe passif, et en ajoutant après le Verbe le mot *par* ou *de*. Ainsi, pour tourner par le passif cette phrase, *le chat mange la souris,* dites : *la souris est mangée* par *le chat ; j'aime mon père tendrement,* dites : *mon père est tendrement aimé* de *moi.*

CONJUGAISON DES VERBES PASSIFS.

Il n'y a qu'une seule Conjugaison pour tous les Verbes passifs ; elle se fait avec l'auxiliaire *être* dans tous ses temps, et le Participe passé du Verbe qu'on veut conjuguer.

INDICATIF.

PRESENT.

Je suis aimé, *ou* aimée,
Tu es aimé, *ou* aimée,
Il est aimé, *ou* elle est aimée.
Nous sommes aimés, *ou* aimées,
Vous êtes aimés, *ou* aimées,
Ils sont aimés, *ou* elles sont aimées.

IMPARFAIT.

J'étois aimé, *ou* aimée,
Tu étois aimé, *ou* aimée,
Il étoit aimé, *ou* elle étoit aimée.
Nous étions aimés, *ou* aimées,
Vous étiez aimés, *ou* aimées,

Ils étoient aimés, *ou* elles étoient aimées.

PRÉTÉRIT DÉFINI.

Je fus aimé, *ou* aimée,
Tu fus aimé, *ou* aimée,
Il fut aimé, *ou* elle fut aimée.
Nous fûmes aimés, *ou* aimées,
Vous fûtes aimés, *ou* aimées,
Ils furent aimés, *ou* elles furent aimées.

PRÉTÉRIT INDÉFINI.

J'ai été aimé, *ou* aimée,
Tu as été aimé, *ou* aimée,
Il a été aimé, *ou* elle a été aimée.
Nous avons été aimés, *ou* aimées,

Vous avez été aimés, *ou* aimées,

Ils ont été aimés, *ou* elles ont été aimées.

PRÉTÉRIT ANTÉRIEUR.

J'eus été aimé, *ou* aimée,
Tu eus été aimé, *ou* aimée,
Il eut été aimé, *ou* elle eut été aimée.
Nous eûmes été aimés, *ou* aimées,
Vous eûtes été aimés, *ou* aimées,
Ils eurent été aimés, *ou* elles eurent été aimées.

PLUS-QUE-PARFAIT.

J'avois été aimé, *ou* aimée,
Tu avois été aimé, *ou* aimée,
Il avoit été aimé, *ou* elle avoit été aimée.
Nous avions été aimés, *ou* aimées,
Vous aviez été aimés, *ou* aimées,
Ils avoient été aimés, *ou* elles avoient été aimées.

FUTUR.

Je serai aimé, *ou* aimée,
Tu seras aimé, *ou* aimée,
Il sera aimé, *ou* elle sera aimée.
Nous serons aimés, *ou* aimées,

Vous serez aimés, *ou* aimées,

Ils seront aimés, *ou* elles seront aimées.

FUTUR PASSÉ.

J'aurai été aimé, *ou* aimée,
Tu auras été aimé, *ou* aimée,
Il aura été aimé, *ou* elle aura été aimée.
Nous aurons été aimés, *ou* aimées,
Vous aurez été aimés, *ou* aimées,
Ils auront été aimés, *ou* elles auront été aimées.

CONDITIONNELS.

PRÉSENT.

Je serois aimé, *ou* aimée,
Tu serois aimé, *ou* aimée,
Il seroit aimé, *ou* elle seroit aimée.
Nous serions aimés, *ou* aimées,
Vous seriez aimés, *ou* aimées,
Ils seroient aimés, *ou* elles seroient aimées.

PASSÉ.

J'aurois été aimé, *ou* aimée,
Tu aurois été aimé, *ou* aimée,

Il auroit été aimé, *ou* elle auroit été aimée.

Nous aurions été aimés *ou* aimées,

Vous auriez été aimés, *ou* aimées,

Ils auroient été aimés, *ou* elles auroient été aimées.

On dit aussi : *j'eusse été aimé, ou aimée ; tu eusses été aimé, ou aimée ; il eût été aimé, ou elle eût été aimée : nous eussions été aimés, ou aimées ; vous eussiez été aimés, ou aimées ; ils eussent été aimés, ou elles eussent été aimées.*

IMPÉRATIF.

Point de prem. personne.

Sois aimé, *ou* aimée,

Qu'il soit aimé, *ou* qu'elle soit aimée.

Soyons aimés, *ou* aimées,

Soyez aimés, *ou* aimées,

Qu'ils soient aimés, *ou* qu'elles soient aimées.

SUBJONCTIF.

PRÉSENT *ou* FUTUR.

Que je sois aimé, *ou* aimée,

Que tu sois aimé, *ou* aimée,

Qu'il soit aimé, *ou* qu'elle soit aimée.

Que nous soyons aimés, *ou* aimées,

Que vous soyez aimés, *ou* aimées,

Qu'ils soient aimés, *ou* qu'elles soient aimées.

IMPARFAIT.

Que je fusse aimé, *ou* aimée,

Que tu fusses aimé, *ou* aimée,

Qu'il fût aimé, *ou* qu'elle fut aimée.

Que nous fussions aimés, *ou* aimées,

Que vous fussiez aimés, *ou* aimées,

Qu'ils fussent aimés, *ou* qu'elles fussent aimées.

PRÉTÉRIT.

Que j'aie été aimé, *ou* aimée,

Que tu aies été aimé, *ou* aimée,

Qu'il ait été aimé, *ou* qu'elle ait été aimée.

Que nous ayons été aimés, *ou* aimées,

Que vous ayez été aimés, *ou* aimées,

Qu'ils aient été aimés, *ou* qu'elles aient été aimées.

PLUS-QUE-PARFAIT.	INFINITIF.

PLUS-QUE-PARFAIT.

Que j'eusse été aimé, ou aimée,

Que tu eusses été aimé, *ou* aimée,

Qu'il eût été aimé, *ou* qu'elle eût été aimée.

Que nous eussions été ai-més, *ou* aimées,

Que vous eussiez été ai-més, *ou* aimées,

Qu'ils eussent été aimés, *ou* qu'elles eussent été aimées.

INFINITIF.

PRÉSENT.

Être aimé, *ou* aimée.

PRÉTÉRIT.

Avoir été aimé, *ou* aimée.

PARTICIPES.

PRÉSENT.

Étant aimé, *ou* aimée.

PASSÉ.

Ayant été aimé, *ou* aimée.

FUTUR.

Devant être aimé, *ou* ai-mée.

Ainsi se conjuguent *être fini, être reçu, être rendu,* etc.

RÉGIME DES VERBES PASSIFS.

RÈGLE.

On met *de* ou *par* devant le nom ou pronom qui suit le verbe passif.

EXEMPLES.

La souris est mangée par *le chat.*

Un enfant sage est aimé de *ses parens.*

REMARQUE. N'employez jamais *par* avec le mot Dieu ; dites :

Les méchans seront punis de *Dieu,* et non pas *seront punis* par *Dieu.*

VERBES NEUTRES.

On appelle *neutres,* les Verbes après lesquels on ne peut pas mettre *quelqu'un,* ni *quelque chose ;* *languir, dormir,* sont des Verbes neutres, parce qu'on ne peut pas dire : *languir quelqu'un, dor-*

mir quelque chose, etc. (On les appelle *neutres,* parce qu'ils ne sont ni *actifs,* ni *passifs.*)

La plupart des Verbes neutres se conjuguent comme les Verbes actifs, avec l'auxiliaire *avoir : je dors, j'ai dormi, j'aurois dormi,* etc.

Mais il y a des Verbes neutres qui se conjuguent dans leurs temps composés avec l'auxiliaire *être,* comme : *venir, arriver, tomber,* etc.

CONJUGAISON DES VERBES NEUTRES.

INDICATIF.

PRÉSENT.

Je tombe,

Tu tombes,

Il, *ou* elle tombe.

Nous tombons,

Vous tombez,

Ils, *ou* elles tombent.

IMPARFAIT.

Je tombois,

Tu tombois,

Il, *ou* elle tomboit.

Nous tombions,

Vous tombiez,

Ils, *ou* elles tomboient.

PRÉTÉRIT DÉFINI.

Je tombai,

Tu tombas,

Il, *ou* elle tomba.

Nous tombâmes,

Vous tombâtes,

Ils, *ou* elles tombèrent.

PRÉTÉRIT INDÉFINI.

Je suis tombé, *ou* tombée,

Tu es tombé, *ou* tombée,

Il est tombé, *ou* elle est tombée.

Nous sommes tombés, *ou* tombées,

Vous êtes tombés, *ou* tombées,

Ils sont tombés, *ou* elles sont tombées.

PRÉTÉRIT ANTÉRIEUR.

Je fus tombé, *ou* tombée,

Tu fus tombé, *ou* tombée,

Il fut tombé, *ou* elle fut tombée.

Nous fûmes tombés, *ou* tombées,

Vous fûtes tombés, *ou* tombées,

Ils furent tombés, *ou* elles furent tombées.

PLUS-QUE-PARFAIT.

J'étois tombé, *ou* tombée,

Tu étois tombé, *ou* tombée,

Il étoit tombé, ou elle étoit tombée.

Nous étions tombés, ou tombées,

Vous étiez tombés, ou tombées,

Ils étoient tombés, ou elles étoient tombées.

FUTUR.

Je tomberai,

Tu tomberas,

Il, ou elle tombera.

Nous tomberons,

Vous tomberez,

Ils, ou elles tomberont.

FUTUR PASSÉ.

Je serai tombé, ou tombée,

Tu seras tombé, ou tombée,

Il sera tombé, ou elle sera tombée.

Nous serons tombés, ou tombées,

Vous serez tombés ou tombées,

Ils seront tombés, ou elles seront tombées.

CONDITIONNELS.

PRÉSENT.

Je tomberois,

Tu tomberois,

Il, ou elle tomberoit.

Nous tomberions,

Vous tomberiez,

Ils, ou elles tomberoient.

PASSÉ.

Je serois tombé, ou tombée,

Tu serois tombé, ou tombée,

Il seroit tombé, ou elle seroit tombée.

Nous serions tombés, ou tombées,

Vous seriez tombés, ou tombées,

Ils seroient tombés, ou elles seroient tombées.

On dit aussi : *je fusse tombé, ou tombée ; tu fusses tombé, ou tombée ; il fût tombé, ou elle fût tombée : nous fussions tombés, ou tombées ; vous fussiez tombés, ou tombées ; ils fussent tombés, ou elles fussent tombées.*

IMPÉRATIF.

Point de prem. personne.

Tombe,

Qu'il *ou* qu'elle tombe.

Tombons, Tombez,

Qu'ils *ou* qu'elles tombent.

SUBJONCTIF.

PRÉSENT *ou* FUTUR.

Que je tombe,

Que tu tombes,

D.

Qu'il *ou* qu'elle tombe.
Que nous tombions,
Que vous tombiez,
Qu'ils *ou* qu'elles tombent.

IMPARFAIT.

Que je tombasse,
Que tu tombasses,
Qu'il *ou* qu'elle tombât.
Que nous tombassions,
Que vous tombassiez,
Qu'ils *ou* qu'elles tombassent.

PRÉTÉRIT.

Que je sois tombé, *ou* tombée,
Que tu sois tombé, *ou* tombée,
Qu'il soit tombé, *ou* qu'elle soit tombée.
Que nous soyons tombés, ou tombées,
Que vous soyez tombés, *ou* tombées,
Qu'ils soient tombés, *ou* qu'elles soient tombées.

PLUS-QUE-PARFAIT.

Que je fusse tombé, *ou* tombée,
Que tu fusses tombé, *ou* tombée,
Qu'il fût tombé, *ou* qu'elle fût tombée.
Que nous fussions tombés, *ou* tombées,
Que vous fussiez tombés, *ou* tombées,
Qu'ils fussent tombés, *ou* qu'elles fussent tombées.

INFINITIF.

PRÉSENT.

Tomber.

PRÉTÉRIT.

Etre tombé, *ou* tombée.

PARTICIPES.

PRÉSENT.

Tombant.

PASSÉ.

Tombé, tombée, étant tombé.

FUTUR.

Devant tomber.

Conjuguez de même les Verbes *aller, arriver, déchoir, décéder, entrer, sortir, mourir, naître, partir, rester, descendre, monter, passer, venir,* et ses composés *devenir, survenir, revenir, parvenir,* etc.

Il y a des verbes neutres qui ont un régime.

RÉGIME DES VERBES NEUTRES.

RÈGLE.

On met *à* ou *de* devant le nom ou pronom qui suit le Verbe neutre.

EXEMPLES.

A	DE
Nuire à *la santé.*	*Médire* de *quelqu'un.*
Plaire au *Seigneur.*	*Profiter* des *leçons.*
Convenir à *quelqu'un.*	*Jouir* de *la liberté.*

VERBES RÉFLÉCHIS,

ON appelle Verbes *réfléchis*, ceux dont le nominatif et le régime sont la même personne, comme: *je me flatte, tu te loues, il se blesse,* etc.

Les Verbes *réfléchis* se conjuguent comme le Verbe *tomber,* c'est-à-dire, qu'ils prennent l'auxiliaire *être* aux temps composés. Nous ne mettrons ici que les premières personnes.

CONJUGAISON DES VERBES RÉFLÉCHIS.

INDICATIF.

PRÉSENT.

Je me repens,
Tu te repens,
Il, *ou* elle se repent.
Nous nous repentons,
Vous vous repentez,
Ils, *ou* elles se repentent.

IMPARFAIT.

Je me repentois.

PRÉTÉRIT DÉFINI.

Je me repentis.

PRÉTÉRIT INDÉFINI.

Je me suis repenti, *ou* repentie.

PRÉTÉRIT ANTÉRIEUR.

Je me fus repenti, *ou* repentie.

PLUS-QUE-PARFAIT.

Je m'étois repenti, *ou* repentie.

FUTUR.

Je me repentirai.

FUTUR PASSÉ.

Je me serai repenti, *ou* repentie.

CONDITIONNELS.

PRÉSENT.

Je me repentirois.

PASSÉ.

Je me serois repenti, *ou* repentie.

On dit aussi : *je me fusse repenti,* ou *repentie.*

IMPÉRATIF.

Point de prem. personne.

Repens-toi,

Qu'il, *ou* qu'elle se repente.

Repentons-nous,

Repentez-vous,

Qu'ils, *ou* qu'elles se repentent.

SUBJONCTIF.

PRÉSENT *ou* FUTUR.

Que je me repente.

IMPARFAIT.

Que je me repentisse.

PRÉTÉRIT.

Que je me sois repenti *ou*
repentie.

PLUS-QUE-PARFAIT.

Que je me fusse repenti
ou repentie.

INFINITIF.

PRÉSENT.

Se repentir.

PRÉTÉRIT.

S'être repenti, *ou* re-
pentie.

PARTICIPES.

PRÉSENT.

Se repentant.

PASSÉ.

Repenti, s'étant repenti,
ou repentie.

FUTUR.

Devant se repentir.

REMARQUE. *Me, te, se, nous, vous,* qui sont le régime des Verbes réfléchis, sont quelquefois régime *direct,* comme dans *je* me *flatte,* c'est-à-dire, *je flatte* moi; *tu* te *blesseras,* c'est-à-dire, *tu blesseras* toi; et quelquefois ils sont régime *indirect,* comme dans cet exemple : *je* me *fais une loi,* c'est-à-dire, *je fais à* moi *une loi* ; *il* s'est *fait honneur,* c'est-à-dire, *il a fait honneur* à soi, etc.

VERBES IMPERSONNELS.

On appelle Verbe *impersonnel,* celui qui ne s'emploie dans tous les temps qu'à la troisième personne du singulier ; comme *il faut, il importe, il pleut,* etc. Il se conjugue à cette troisième personne, comme les autres Verbes.

CONJUGAISON DES VERBES IMPERSONNELS.

INDICATIF.

PRÉSENT.
Il faut.

IMPARFAIT.
Il falloit.

PRÉTÉRIT DÉFINI.
Il fallut.

PRÉTÉRIT INDÉFINI.
Il a fallu.

PRÉTÉRIT ANTÉRIEUR.
Il eût fallu.

PLUS-QUE-PARFAIT.
Il avoit fallu.

FUTUR.
Il faudra.

FUTUR PASSÉ.
Il aura fallu.

CONDITIONNELS.
PRÉSENT.
Il faudroit.

PASSÉ.
Il auroit fallu.

SUBJONCTIF.
PRÉSENT *ou* FUTUR.
Qu'il faille.

IMPARFAIT.
Qu'il fallût.

PRÉTÉRIT.
Qu'il ait fallu.

PLUS-QUE-PARFAIT.
Qu'il eût fallu.

INFINITIF.
PRÉSENT.
Falloir.

PARTICIPE.
PASSÉ.
Ayant fallu.

REMARQUE. Le mot *il* ne marque un Verbe *impersonnel*, que lorsqu'on ne peut pas mettre un nom à sa place ; car lorsqu'en parlant d'un enfant, on dit *il joue*, ce n'est pas un impersonnel, parce qu'à la place du mot *il* on peut mettre *l'enfant*, et dire *l'enfant joue*.

CHAPITRE VI.
SIXIÈME ESPÈCE DE MOTS.

LE PARTICIPE.

LE *Participe* est un mot qui tient du Verbe et de

l'Adjectif, comme *aimant, aimé;* il tient du Verbe, en ce qu'il en a la signification et le régime : *aimant Dieu, aimé de Dieu;* il tient aussi de l'Adjectif, en ce qu'il qualifie une personne ou une chose, c'est-à-dire qu'il en marque la qualité.

ACCORD DES PARTICIPES.

Participe présent : *aimant, finissant, recevant, rendant.*

RÈGLE. Le Participe présent ne varie jamais, c'est-à-dire, qu'il ne prend ni genre, ni nombre.

EXEMPLES.

Un homme lisant.	*Une femme* lisant.
Des hommes lisant.	*Des femmes* lisant.

REMARQUE. Ce qu'on appelle *Gérondif,* n'est autre chose que le participe présent, devant lequel on met le mot *en,* comme : *les jeunes gens se forment l'esprit en lisant de bons livres.* (1)

Participe passé : *aimé, fini, reçu, rendu.*

Le Participe passé s'accorde ou avec son nominatif, ou avec son régime.

ACCORD DU PARTICIPE PASSÉ AVEC LE NOMINATIF

Ire RÈGLE. Le participe passé, quand il est accompagné du Verbe auxiliaire *être,* s'accorde en genre et en nombre avec son nominatif ou sujet, c'est-à-dire, que l'on ajoute *e,* si le sujet est féminin, et *s,* si le sujet est pluriel.

---

(1) Il ne faut pas confondre avec le Participe présent certains Adjectifs verbaux (c'est-à-dire, qui viennent des Verbes.) On dit *un homme* obligeant, *une femme* obligeante ; ce ne sont pas des Participes, parce qu'ils n'ont pas de régime ; mais quand je dis : *cette femme est d'un bon caractère,* obligeant *tout le monde quand elle peut,* obligeant est ici *Participe,* puisqu'il a le régime *tout le monde.*

EXEMPLES.

Mon frère a été puni.	*Ma sœur a été* punie.
Mes frères ont été punis.	*Mes sœurs ont été* punies. (1)
Mon frère est tombé.	*Ma sœur est* tombée,
Mes frères sont tombés.	*Mes sœurs sont* tombées.

EXCEPTION UNIQUE. Dans les temps composés des verbes *réfléchis*, le Participe ne s'accorde pas avec son nominatif. On dit d'une femme : *elle s'est* mis cela dans *la tête* (et non pas *mise*); *quelques paiens se sont* donné la mort (et non pas se sont *donnés.*)

II.ᵉ RÈGLE. Mais quand le Participe passé est accompagné du Verbe auxiliaire *avoir*, il ne s'accorde jamais avec son nominatif.

EXEMPLES.

Mon père a écrit *une lettre.*	*Ma mère* a écrit *une lettre.*
Mes frères ont écrit *une lettre.*	*Mes sœurs* ont écrit *une lettre.*

(Le participe *écrit* ne change point, quoique le nominatif soit masculin ou féminin, singulier ou pluriel.)

ACCORD DU PARTICIPE PASSÉ AVEC LE RÉGIME.

I.ʳᵉ RÈGLE. Le participe passé s'accorde toujours avec son régime *direct*, quand ce régime est devant le participe.

EXEMPLES.

La lettre que vous avez écrite, *je l'ai* lue.
Les livres que j'avois prêtés, *on les a* rendus.
Quelle affaire avez-vous entreprise ?
Combien d'ennemis n'a-t-il pas vaincus !
Quand la race de Caïn fut multipliée.....

---

(1) Le participe *été* n'a ni féminin ni pluriel ; on dit : *elle a été*, *ils ont été.*

On voit que le régime mis devant le Participe est ordinairement un des pronoms : *que, me, te, se, le, la, les, nous, vous, quels.* (1)

IIe RÈGLE. Mais quand le régime n'est placé qu'après le Participe, ce Participe ne s'accorde pas avec son régime.

EXEMPLES.

J'ai écrit *une lettre.*	*J'ai* écrit *des lettres.*
Vous avez acheté *un livre.*	*Vous avez* acheté *des livres.*

(*Écrit, acheté,* ne changent pas, quoique le régime soit singulier ou pluriel, masculin ou féminin, parce que ce régime est après le Participe.)

REMARQUE. On dit sans faire accorder : *les vertus que j'ai* entendu *louer, les vices que j'ai* résolu *d'éviter :* que n'est pas ici le régime des Participes *entendu, resolu,* mais des infinitifs suivans : *louer, éviter.* Pour connoître si le régime dépend du Participe, il faut voir si l'on peut mettre ce régime immédiatement après le Participe. On ne peut pas dire ici, *j'ai entendu les vertus : j'ai résolu les vices.*

CHAPITRE VII.

SEPTIÈME ESPÈCE DE MOTS.

LA PRÉPOSITION.

LA *Préposition* est un mot qui sert à joindre le nom

---

(1) Autrefois on admettoit deux exceptions, 1.º quand le Nominatif est après le Participe, comme : *la leçon que vous* ont donné *vos maîtres ;* 2.º quand le Participe est suivi d'un Adjectif qui fait partie du régime, comme *Adam et Eve que Dieu avoit* créé *innocens.* Mais c'est à tort. il faut dans le premier exemple *donnée,* et dans le second *créés.* (Essai de la Grammaire par d'Olivet.)

ou pronom suivant au mot qui la précède; par exemple, quand je dis : *le fruit de l'arbre*; *de* marque le rapport qu'il y a entre *fruit* et *arbre*; quand je dis : *utile à l'homme*, *à* fait rapporter le-nom *homme* à l'Adjectif *utile*; quand je dis : *j'ai reçu de mon père*, *de* sert à joindre le nom *père* au Verbe *reçu*, etc. *De*, *à*, sont des prépositions ; le mot qui suit s'appelle le *régime* de la *préposition*.

Cette espèce de mots s'appelle *préposition*, parce qu'elle se met ordinairement devant le nom qu'elle régit.

PRÉPOSITIONS FRANÇOISES.

Pour marquer la place ou le lieu.

A. Attacher *à* la muraille. Vivre *à* Paris, aller *à* Rome.

Dans. Etre *dans* la maison. Serrer *dans* une cassette.

En. Etre *en* Italie. Voyager *en* Allemagne.

De. Sortir *de* la ville. Venir *de* la province.

Chez. Etre *chez* un ami. Ce livre est *chez* le libraire.

Devant. Le berger marche *devant* le troupeau. Allez *devant* moi.

Apres. J'irai *après* vous. Courir *après* quelqu'un.

Derrière. Les laquais vont *derrière* leur maître. Se cacher *derrière* un mur.

Parmi. Cet officier fut trouvé *parmi* les morts.

Sur. Avoir son chapeau *sur* la tête. Mettre un flambeau *sur* la table.

Sous. Mettre un tapis *sous* les pieds. Tout ce qui est *sous* le ciel.

Vers. Le yeux levés *vers* le ciel. L'aimant se tourne *vers* le nord.

Pour marquer l'ordre.

Avant. La nouvelle est arrivée *avant* le courrier.

Entre. Tenir un enfant *entre* ses bras. *Entre* le Printemps et l'Automne.

Dès. Cette rivière est navigable *dès* sa source. *Dès* sa plus tendre enfance.

Depuis. Depuis Paris jusqu'à Orléans. *Depuis* la création jusqu'au déluge.

Pour marquer l'union.

Avec. Manger *avec* ses amis. Il est parti *avec* la fièvre.

Pendant. Pendant la guerre.

Durant. Durant la guerre.

Outre. Compagnie de cent hommes, *outre* les officiers.

Selon. Se conduire *selon* la raison.

Suivant. Suivant la Loi.

Pour marquer la séparation.

Sans. Les soldats *sans* les officiers.

Hors. Tout est perdu *hors* l'honneur.

Excepté. Tout est perdu *excepté* l'honneur.

Pour marquer l'opposition

Contre. Ecoliers révoltés *contre* le maître. Plaider *contre* quelqu'un.

Malgré. Il est parti *malgré* moi.

Nonobstant. Il a fait cela *nonobstant* mes représentations.

Pour marquer le but.

Envers. Charitable *envers* les pauvres. Son respect *envers* ses supérieurs.

Touchant. Il m'a écrit *touchant* cette affaire.

Pour. Travailler *pour* le bien public : étudier *pour* son instruction.

Pour marquer la cause, le moyen.

Par. Fléchir *par* ses prières : tout a été créé *par* la parole de Dieu.

Moyennant. J'espère, *moyennant* la grâce de Dieu.

Attendu. Le courrier n'a pas pu partir, *attendu* le mauvais temps.

CHAPITRE VIII.

HUITIÈME ESPÈCE DE MOTS.

L'ADVERBE.

L'ADVERBE est un mot qui se joint ordinairement au Verbe ou à l'Adjectif, pour en déterminer la signification. Quand on dit : *cet enfant parle distinctement ;* par ce mot *distinctement,* l'on fait entendre qu'il parle d'une maniere, plutôt que d'une autre.

1.° Il y a des Adverbes qui marquent la *maniere ;* ils sont presque tous terminés en *ment,* et ils se forment des Adjectifs, comme : sagement de *sage,* poliment de *poli,* agréablement *d'agréable,* modestement de *modeste,* etc.

2.° Il y a des Adverbes qui marquent l'*ordre,* comme : *premièrement, secondement, d'abord, ensuite, auparavant.* Exemple : d'abord *il faut éviter le mal,* ensuite *il faut faire le bien.*

3.° Il y a des Adverbes qui marquent le *lieu,* comme : *où, ici, là, deçà, au-delà, dessus, partout, auprès, loin, dedans, dehors, ailleurs;* exemples : où *êtes-vous? Je suis* ici. *Je vais* là.

4.° Il y a des Adverbes de *temps,* comme : *hier, autrefois, bientôt, souvent, toujours, jamais,* etc. Exemples : *cet enfant joue* toujours, *et ne s'applique* jamais.

5.° Il y a des Adverbes de *quantité,* comme : *beaucoup, peu, assez, trop, tant,* etc. Exemple : *il parle* beaucoup *et réfléchit* peu.

6.º Enfin il y a des Adverbes *de comparaison*, comme : *plus*, *moins*, *aussi*, *tant*, etc. Exemple : plus *sage*, aussi *sage*, moins *sage que vous.*

Remarque. Certains Adjectifs sont quelquefois employés comme Adverbes. On dit : chanter *juste*, parler *bas*, voir *clair*, rester *court*, frapper *fort*, sentir *bon*, etc.

CHAPITRE IX.

NEUVIÈME ESPÈCE DE MOTS.

LA CONJONCTION.

Remarque. L'on a vu, jusqu'à présent, comment les mots se joignent ensemble, pour former un sens ; les mots ainsi réunis font une *phrase* ou *proposition* ; la plus petite proposition doit avoir au moins deux mots, le Nominatif et le Verbe, comme : *je chante*, *vous lisez*, *l'homme meurt* ; souvent le Verbe a un régime, comme : *je chante un air*, *vous lisez une lettre*, etc.

La *Conjonction* est un mot qui sert à joindre une phrase à une autre phrase ; par exemple, quand on dit : *il pleure* et *il rit en même temps*, le mot *et* lie la première phrase, *il pleure*, avec la seconde, *il rit*.

DIFFÉRENTES SORTES DE CONJONCTIONS.

1.º Pour marquer la liaison : *et*, *ni*, *aussi*, *que*.

2.º Pour marquer opposition : *mais*, *cependant*, *néanmoins*, *pourtant*.

3.º Pour marquer une division : *ou*, *ou bien*, *soit*.

4.º Pour marquer exception : *sinon*, *quoique*.

5.º Pour comparer : *comme*, *de même que*, *ainsi*

6.º Pour ajouter : *de plus, d'ailleurs, outre que, encore.*

7.º Pour rendre raison : *car, parce que, puisque, vu que.*

8.º Pour marquer l'intention : *afin que, de peur que.*

9.º Pour conclure : *or, donc, ainsi, de sorte que.*

10.º Pour marquer le temps : *quand, lorsque, comme, dès que, tandis que.*

11.º Pour marquer le doute : *si, supposé que, pourvu que, en cas que.*

Il y a plusieurs autres Conjonctions : l'usage les fera connoître ; la plus ordinaire est *que ;* on distingue la Conjonction *que,* du *que* relatif, en ce qu'elle ne peut pas se tourner par *lequel, laquelle.*

RÉGIME DES CONJONCTIONS.

Parmi les Conjonctions, les unes veulent le Verbe suivant au Subjonctif, les autres à l'Indicatif.

Voici celles qui régissent le Subjonctif: *soit que, sans que, si ce n'est que, quoique, jusqu'à ce que, encore que, à moins que, pourvu que, supposé que, au cas que, avant que, non pas que, afin que, de peur que, de crainte que,* et en général quand on marque quelque doute, ou quelque souhait, comme: *je souhaite, je doute* que *cet enfant soit jamais savant.*

CHAPITRE X.

DIXIÈME ESPÈCE DE MOTS.

L'INTERJECTION.

L'Interjection est un mot dont on se sert pour ex

primer un sentiment de l'ame, comme la joie, la douleur, etc.

La joie : *Ah! Bon!*
La douleur : *Aïe! Ah! Hélas! Ouf!*
La crainte : *Ha! Hé!*
L'aversion : *Fi! Fi donc!*
L'admiration : *Oh!*
Pour encourager : *Çà! Allons! Courage!*
Pour appeler : *Hola! Hé!*
Pour faire taire : *Chut! Paix!*

REMARQUES PARTICULIÈRES
SUR CHAQUE ESPÈCE DE MOTS.

DES LETTRES.

H est aspiré dans *héros;* on dit : le *héros;* mais il n'est point aspiré dans *héroïsme*, on dit l'*héroïsme* de la vertu.

L au milieu et à la fin des mots, quand il est précédé d'un *i*, est ordinairement *mouillé* et se prononce comme à la fin de ces mots : *soleil, orgueil, famille, bouillir.*

On écrit *œil*, que l'on prononce comme *euil.*

S entre deux voyelles se prononce comme *z;* exemple : *maison, poison;* excepté les mots *préséance, présupposer*, où l'on conserve la prononciation de l'*s.*

D à la fin du mot *grand*, se prononce comme *t* devant une voyelle ou un *h* muet; *grand homme*, on prononce comme s'il y avoit *grant homme.*

Gn au milieu d'un mot se prononce comme dans *ignorance, magnanime.*

T ne se prononce pas à la fin de ces mots, *respect, aspect*, même quand le mot suivant commence par une voyelle ou un *h* muet ; ainsi prononcez *respect humain*, comme s'il y avoit *respec humain*.

DES NOMS COMPOSÉS.

Quand un nom est composé d'un adjectif et d'un nom, ils prennent tous deux la marque du pluriel, exemple : un *arc-boutant, dès arcs-boutans*.

Quand il est composé de deux noms unis par une préposition, on met la marque du pluriel seulement au premier des deux mots ; exemples : *un chef-d'œuvre, des chefs-d'œuvre ; un arc-en ciel, des arcs-en-ciel.*

Quand il est composé d'une préposition ou d'un verbe et d'un nom, le nom seul prend la marque du pluriel ; exemples : *un entre-sol, des entre-sols ; un garde-fou, des garde-fous.*

NOMS DE NOMBRE.

Cent au pluriel, et *vingt* dans quatre-*vingt*, six-*vingt*, prennent une *s*, quand ils sont suivis d'un nom ; exemples : deux cents *hommes*, quatre-vingts *volumes*, six-vingts *arbres*.

Pour la date des années on écrit *mil* ; exemple : le *froid fut très-grand en* mil *sept cent neuf :* partout ailleurs on écrit *mille* qui ne prend jamais *s* ; *deux* mille *hommes*.

Neuf se prononce devant une voyelle comme *neuv* ; exemple : *il y a neuf ans ;* prononcez *neuv ans*.

On dit *une demi-heure, une demi-livre*, ce mot *demi* ne change pas, quand il est devant le nom ; mais dites une heure et *demie*, une livre et *demie :* quand le mot *demi* est après le nom, il prend le genre.

NOMS PARTITIFS.

On appelle *noms partitifs*, ceux qui marquent la

partie d'un plus grand nombre, comme, *la plupart de*, *une infinité de*, *beaucoup de*, *peu de*, etc.

Les noms partitifs suivis d'un nom pluriel, veulent le Verbe et l'Adjectif au pluriel.

EXEMPLES. *La plupart des enfans* sont légers.

Peu d'enfans sont attentifs.

REMARQUE. Dans le sens partitif on met *de* et non pas *des*, devant un Adjectif ; exemples : *j'ai lu* de *bons livres*, et non pas *des* bons livres ; *j'ai vu* de *belles maisons*, et non pas *des* belles maisons.

PRONOMS.

1.° *Vous*, employé pour *tu*, veut le verbe au pluriel, mais l'Adjectif suivant reste au singulier.

Exemple : *Mon fils*, *vous* serez estimé, si *vous* êtes sage.

2.° *Le*, *la*, *les*, sont quelquefois pronoms, et quelquefois ils sont articles : l'article est toujours suivi d'un nom ; *le* frère, *la* sœur, *les* hommes, au lieu que le pronom est toujours joint à un Verbe, comme, *je* le *connois*, *je* la *respecte*, *je* les *estime*.

Le pronom *le* ne prend ni genre ni nombre, quand il tient la place d'un Adjectif ou d'un Verbe ; par exemple : si l'on disoit à une dame : *Madame, êtes-vous malade?* il faudroit qu'elle répondît : *oui, je* le *suis* ; et non pas *je* la *suis*, parce que *le* se rapporte à l'Adjectif *malade*. *On doit s'accommoder à l'humeur des autres autant qu'on* le *peut* : je mets *le*, parce qu'il se rapporte au verbe *accommoder*.

3.° N'employez le pronom *soi* qu'après un nominatif vague et indéterminé, comme *on*, *chacun*, *ce*, etc.

EXEMPLES.

On *ne doit jamais parler de* soi.

Chacun *songe à* soi.

N'aimer que soi, *c'est être un mauvais citoyen.*

4.º Il ne faut pas se servir du pronom *son, sa, ses, leur, leurs,* mis pour un nom de chose, à moins que ce nom ne soit exprimé dans la même phrase; ainsi ne dites pas *Paris est beau, j'admire ses bâtimens;* mais j'en *admire les bâtimens.*

On emploie bien *son, sa, ses,* etc., pour un nom de chose, quand il est exprimé dans la même phrase; ainsi l'on dit bien : *la Seine a sa source en Bourgogne* (1).

5.º Il faut dire : *c'est en Dieu que nous devons mettre notre espérance,* et non pas *en qui; c'est à vous-même que je veux parler,* et non pas *à qui* je veux, etc. (dans ces deux phrases *que* n'est pas relatif, mais conjonction).

6.º *Qui* relatif est toujours de la même personne que son *antécédent;* ainsi il faut dire : *moi* qui *ai vu, vous* qui *avez vu, nous* qui *avons vu,* etc.

7.º *Qui,* précédé d'une préposition, ne se dit jamais des choses, mais seulement des personnes : ainsi ne dites pas, *les sciences* à qui *je m'applique,* mais auxquelles *je m'applique.*

8.º *Ce* devant le verbe *être* veut ce verbe au singulier, excepté quand il est suivi de la troisième personne plurielle; on dit : *c'est moi, c'est toi, c'est lui, c'est nous, c'est vous qui;* mais il faut dire, ce sont *eux,* ce sont *elles,* ce sont *vos ancêtres qui out bâti cette maison.*

9.º *Tout,* mis pour *quoique, entièrement,* ne change point de nombre devant un Adjectif mas-

_____

(1) Cependant quoique le nom de *chose* ne soit pas dans la même phrase, on se sert bien de *son, sa, ses,* quand il est régi par une préposition, comme : *Paris est beau, j'admire la grandeur de ses bâtimens.*

culin ; ainsi dites : *les enfans*, tout *aimables qu'ils sont*, *ne laissent pas d'avoir bien des défauts*.

Tout ne change ni de genre, ni de nombre devant un Adjectif féminin singulier ou pluriel qui commence par une voyelle ou un *h* muet ; ainsi dites : *cette image*, tout *amusante qu'elle est*, *ne me plaît pas; ces images*, tout *amusantes qu'elles sont*, *ne me plaisent pas ; cette maison est* tout *autre qu'elle n'étoit*.

Mais si l'Adjectif féminin , étant au pluriel, commence par une consonne, on met *toutes* ; exemple : *ces images*, toutes *belles qu'elles sont*, *ne me plaisent pas* (1).

10.° *Quelque.....que* s'emploie de cette manière : s'il y a un Adjectif entre *quelque* et *que*, alors *quelque* ne prend jamais *s* à la fin.

EXEMPLE. *Les rois*, quelque *puissans* qu'ils *soient*, *ne doivent pas oublier qu'ils sont hommes*.

S'il y a un nom entre *quelque* et *que*, alors on met *quelque* au même nombre que le nom.

EXEMPLE. Quelques *richesses* que *vous ayez*, *vous ne devez pas vous enorgueillir*.

Si le nom n'est placé qu'après le *que* et le verbe, alors il faut écrire en deux mots séparés *quel*, ou *quelle que ; quels*, ou *quelles que*.

EXEMPLE. Quelle *que soit votre force* , quelles *que soient vos richesses* , *vous ne devez pas vous enorgueillir : votre puissance* , quelle *qu'elle soit* , *ne vous donne pas le droit de mépriser les autres*.

11.° *Celui-ci*, *celui-là* , s'emploient de cette manière : *celui-ci*, pour la personne dont on a

---

(1) Quand *tout* signifie *entièrement*, il suit la même regle : *ils sont* tout *interdits* , *elles sont* tout *interdites*, etc. (c'est-à-dire *entièrement* interdits).

parlé en dernier lieu ; *celui-là*, pour la personne dont on a parlé en premier lieu.

EXEMPLE. *Les deux philosophes, Héraclite et Démocrite, étoient d'un caractère bien différent :* celui-ci *rioit toujours,* celui-là *pleuroit sans cesse.*

Ceci désigne une chose plus proche, *cela* désigne une chose plus éloignée ; exemple : *je n'aime pas* ceci, *donnez-moi* cela.

12.º Le mot *personne* employé comme *pronom,* est du masculin, on dit : *je ne connois* personne *plus heureux que lui ;* mais *personne* employé comme *nom* est du féminin, cette personne est très-*heureuse.*

On ne dit plus *un chacun, un quelqu'un.*

Remarques sur les Verbes.

I. Le nominatif, soit nom, soit pronom, se place après le verbe, 1.º quand on interroge ; exemple : *Que penseront de vous les honnêtes gens, si vous n'êtes pas sage? Irai*-je? *Viendras*-tu? *Est-il arrivé?*

Quand le verbe qui précède *il, elle, on,* finit par une voyelle, on ajoute un *t* devant *il, elle, on;* exemple : *appelle*-t-*il? viendra*-t-*elle? aime*-t-*on les paresseux?*

L'usage ne permet pas toujours cette manière d'interroger à la première personne, parce que la prononciation en seroit rude et désagréable ; ne dites pas : *cours-je, mens-je, dors-je, sors-je, etc.?* Il faut prendre un autre tour, et dire : *est-ce que je cours? est-ce que je mens? est-ce que je dors? est-ce que je sors?*

2.º Le nominatif se met encore après le verbe, quand on rapporte les paroles de quelqu'un ; exemple : *je me croirai heureux, disoit* un bon Roi, *quand je ferai le bonheur de mes sujets.*

3.º Après *tel, ainsi;* exemple : *tel étoit son avis ; ainsi mourut* cet homme.

4.° Après les verbes impersonnels, exemple: *il est arrivé* un grand malheur.

II. On ne doit se servir du Prétérit *défini* qu'en parlant d'un temps absolument écoulé, et dont il ne reste plus rien ; ainsi ne dites pas : j'étudiai *aujourd'hui, cette semaine, cette année,* parce que le jour, la semaine, l'année, ne sont pas encore passés ; ne dites pas non plus, j'étudiai *ce matin :* il faut, pour le prétérit *défini,* qu'il y ait l'intervalle d'un jour ; mais on dit bien : j'étudiai *hier, la semaine dernière, l'an passé,* etc.

Le prétérit *indéfini* s'emploie indifféremment pour un temps passé, soit qu'il en reste encore une partie à écouler, ou non; on dit bien, j'ai étudié *ce matin,* j'ai étudié *hier,* j'ai étudié *cette semaine,* j'ai étudié *la semaine passée,* etc.

III. A quel temps du Subjonctif faut-il mettre le verbe qui suit la conjonction *que* ? (Quand elle régit ce mode.)

I.ʳᵉ Règle. Quand le premier verbe est au présent ou au futur, mettez au présent du Subjonctif le second verbe qui est après *que.*

EXEMPLES.

Il faut
Il faudra } *que vous* soyez plus *attentif.*

II.ᵉ Règle. Quand le premier verbe est à l'un des prétérits, mettez le second verbe à l'imparfait du Subjonctif.

EXEMPLES.

Il falloit
Il fallut
Il a fallu } *que vous* fussiez plus *attentif.*
Il eût fallu
Il auroit fallu

Remarques sur les Prépositions.

1.º Ne confondez pas *autour* et *à l'entour; autour* est une préposition, elle est toujours suivie d'un régime, *autour d'un trône; à l'entour* n'est qu'un adverbe, et il n'a point de régime : *il étoit sur son trône, et ses fils étoient* à l'entour.

2.º Ne confondez pas *avant* et *auparavant; avant* est une préposition, et elle est suivie d'un régime, *avant l'âge, avant le temps; auparavant* n'est qu'un adverbe, et il n'a point de régime : *ne partez pas si tôt, venez me voir auparavant.*

3.º *Au travers* est suivi de la préposition *de ; au travers* des ennemis : *à travers* n'en est pas suivi; on dit : *à travers les ennemis.*

Remarques sur les Adverbes.

1.º *Plus* et *davantage* ne s'emploient pas toujours l'un pour l'autre; *davantage* ne peut être suivi de la préposition *de*, ni de la conjonction *que ;* on ne dit pas : *il a davantage* de *brillant que* de *solide*, mais *plus* de *brillant;* on ne dit pas : *il se fie* davantage *à ses lumières qu'à celles des autres ;* mais *il se fie* plus *à ses lumières.*

Davantage ne peut s'employer que comme adverbe; exemple : *la science est estimable, mais la vertu l'est bien* davantage.

2.º Ne confondez pas l'Adverbe *près de*, qui signifie *sur le point de*, avec l'Adjectif *prêt à*, qui signifie *disposé à ;* on ne dit point : *il est* prêt à *tomber*, mais *il est* près de *tomber.*

Ne confondez pas *à la campagne* et *en campagne;* ce dernier ne se dit que du mouvement des troupes: *l'armée est en campagne;* mais il faut dire, *j'ai passé l'été à la campagne.*

Remarque sur le Régime.

RÈGLE. Un nom peut être régi par deux Adjectifs, ou par deux Verbes à la fois, pourvu que ces Adjectifs et ces Verbes ne veuillent pas un régime différent.

EXEMPLE.

Cet homme est utile et cher à sa famille.

Cet officier attaqua et prit la ville.

Mais on ne peut pas dire : *cet homme est utile et chéri de sa famille,* parce que l'Adjectif *utile* ne peut régir *de sa famille ;* on ne peut pas dire : *cet officier attaqua et se rendit maître de la ville,* parce que le verbe *attaquer* ne peut régir *de la Ville.*

CHAPITRE XI.

DE L'ORTHOGRAPHE.

L'ORTHOGRAPHE est la manière d'écrire correctement tous les mots d'une langue.

ORTHOGRAPHE DES NOMS.

1.º La première lettre des noms propres, des noms de dignité, doit être une lettre capitale, *Pierre, Paris.*

2.º Tous les noms qui ne finissent point par *s* au singulier, en prennent une au pluriel ; exemple : *un jardin charmant, des jardins charmans.*

3.º C'est une faute d'écrire sans *h* les mots qui commencent par cette lettre : écrivez l'*honneur,* et non pas l'*onneur ;* quoiqu'on écrive *honneur* avec deux *nn,* il n'y en a qu'une dans *honorer.*

4.º On écrit par *mp, compte, compter,* pour signifier *supputer ;* avec *m* seulement *comte, comté,* titre, dignité ; avec *n, conte, conter,* pour signifier *raconter.*

5.º On écrit avec *mp*, *champ*, pour signifier terre; et avec *nt*, *chant*, pour signifier l'action de chanter.

6.º On écrit aussi *faim*, besoin de manger, et *fin*, le terme où finit une chose : *la mort est la fin de la vie*.

Mots en ace *et en* asse.

On écrit ainsi par *ce*, *glace*, *besace*, *grimace*, *espace*, *place*, *race*, *grâce*, etc.

Et par *sse*, *terrasse*, *basse*, *grasse*; tous les imparfaits du Subjonctif de la première conjugaison, *j'aimasse*, *j'appelasse*, etc.

Mots en ance *et en* ence.

On écrit par *a* les mots suivans : *abondance*, *constance*, *vigilance*, *distance*, etc.

Et par *e*, *prudence*, *conscience*, *absence*, *clémence*, *éloquence*, etc. (On suit à cet égard l'orthographe latine, *abundantia*, *prudentia*.)

Mots en èce *et en* esse.

On écrit ainsi par *ce*, *nièce*, *pièce*; et par *esse*, *adresse*, *blesse*, *paresse*, etc.

Mots en ice *et en* isse.

On écrit par *ce*, *calice*, *office*, *artifice*, *précipice*, etc.; et par *sse*, *écrevisse*, *réglisse*, *jaunisse*, et tous les imparfaits du Subjonctif de la deuxième et de la quatrième conjugaison.

Mots en sion, tion, xion, ction.

On écrit par un *s*, *appréhension*, *dimension*, *pension*, *convulsion*, *ascension*, etc.; et par *t*, *attention*, *condition*, *agitation*, *discrétion*, etc.

REMARQUE. *T* conserve sa prononciation dans les noms où il est précédé d'un *s* ou d'un *x*; ques-

tion, *indigestion*, *mixtion* : autrement, il se prononce comme *s*, *attention*, prononcez *attension*.

On écrit par *x*, *fluxion*, *réflexion*, *complexion*, *génuflexion*, etc.; et par *ct*, *action*, *distinction*, *séduction*, *prédilection*, etc.

(Ces observations ne peuvent être réduites en règles générales, la lecture et le dictionnaire doivent en tenir lieu.)

ORTHOGRAPHE DES VERBES.

Présent de l'Indicatif.

Singulier. 1.° Si la première personne finit par *e*, *j'aime*, *j'ouvre*, etc., on ajoute *s* à la seconde; la troisième est semblable à la première; exemple : *j'aime*, *tu aimes*, *il aime*.

2.° Si la première personne finit par *s* ou *x*, la seconde est semblable à la première, la troisième finit ordinairement en *t* : *je finis*, *tu finis*, *il finit*.

(Dans quelques verbes, la troisième personne se termine en *d*; *il rend*, *il vend*, *il prétend*.)

Pluriel. Le pluriel, dans toutes les conjugaisons, se termine toujours par *ons*, *ez*, *ent*; *nous aimons*, *vous aimez*, *ils aiment*; *nous finissons*, *vous finissez*, *ils finissent*.

Imparfait de l'Indicatif.

Il se termine toujours de cette manière : *ois*, *ois*, *oit*; *ions*, *iez*, *oient*.

J'aimois, *tu aimois*, *il aimoit*; *nous aimions*, *vous aimiez*, *ils aimoient*.

Prétérit de l'Indicatif.

Le prétérit *défini* a quatre terminaisons : *ai*, *is*, *us*, *ins*, de cette manière :

J'aimai, *tu aimas*, *il aima*; *nous aimâmes*, *vous aimâtes*, *ils aimèrent.*

Je finis, *tu finis*, *il finit*; *nous finîmes*, *vous finîtes*, *ils finirent.*

Je reçus, *tu reçus*, *il reçut*; *nous reçûmes*, *vous reçûtes*, *ils reçurent.*

Je devins, *tu devins*, *il devint*; *nous devînmes*, *vous devîntes*, *ils devinrent.*

Futur de l'Indicatif.

Il se termine toujours ainsi : *rai, ras, ra; rons, rez, ront.*

J'aimerai, *tu aimeras*, *il aimera*; *nous aimerons, vous aimerez*, *ils aimeront.*

Je recevrai, *tu recevras*, *il recevra*; *nous recevrons, vous recevrez*, *ils recevront* (1).

Conditionnel présent.

Il se termine toujours ainsi : *rois, rois, roit; rions, riez, roient.*

J'aimerois, *tu aimerois*, *il aimeroit*; *nous aimerions, vous aimeriez*, *ils aimeroient.*

Je recevrois, *tu recevrois*, *il recevroit*; *nous recevrions, vous recevriez*, *ils recevroient.*

Présent du Subjonctif.

Il se termine toujours ainsi : *e, es, e; ions, iez, ent.*

Que j'aime, *que tu aimes*, *qu'il aime*; *que nous aimions*, *que vous aimiez*, *qu'ils aiment.*

Imparfait du Subjonctif.

Il y a quatre terminaisons : *asse, isse, usse, insse*, de cette manière :

---

(1) N'écrivez pas *je recevrai, je renderai*; on ne met *e* devant *rai* qu'à la première conjugaison.

J'aimasse, tu aimasses, il aimât; nous aimassions, vous aimassiez, ils aimassent.

Je finisse, tu finisses, il finît; nous finissions, vous finissiez, ils finissent.

Je reçusse, tu reçusses, il reçût; nous reçussions, vous reçussiez, ils reçussent.

Je devinsse, tu devinsses, il devînt; nous devinssions, vous devinssiez, ils devinssent.

Remarquez que les secondes personnes plurielles des verbes ont ordinairement un *z* à la fin.

REMARQUES

Sur l'Orthographe des Pronoms, Adverbes et autres Mots.

Leur ne prend jamais *s* à la fin, quand il est joint à un verbe; alors il signifie *à eux, à elles: ces enfans ont été sages,* je leur *donnerai un prix.*

Leur, suivi d'un nom pluriel, prend un *s,* alors il signifie *d'eux, d'elles : un père aime ses enfans, mais il n'aime pas* leurs *défauts.*

On ne met point d'accent sur *o* dans *notre, votre* quand ils sont devant un nom : *votre père, votre maison;* mais on met un accent circonflexe sur *ô* dans *le nôtre, le vôtre, la nôtre, la vôtre;* exemple : mon *livre est plus beau que le* vôtre.

On met un accent grave sur *là,* adverbe de lieu, *allez-*là; on n'en met point sur *la,* article : la *reine;* ni sur le pronom féminin *la,* je la *connois.*

On met un accent grave sur *où,* adverbe de lieu; où *allez-vous?*

On n'en met point sur *ou,* conjonction : *c'est* vous ou *moi.*

On met un accent grave sur *à*, préposition : *je vais à Paris.*

On n'en met point sur *a*, troisième personne du verbe *avoir : il a de l'esprit.*

On met un accent circonflexe sur *dû*, participe du verbe *devoir : rendez à chacun ce qui lui est dû*; on n'en met point sur *du*, article : *la lumière* du soleil.

De l'Apostrophe.

L'apostrophe (') marque le retranchement d'une de ces trois lettres, *a*, *e*, *i*.

A, *e*, suivis d'une voyelle ou d'un *h* muet, se retranchent dans *le*, *la*, *je*, *me*, *te*, *se*, *de*, *ne*, *que*, *ce*.

Le, on dit: *l'ami*, *l'enfant*, *l'instinct*, *l'oiseau*, *l'univers*, *l'honneur*, pour le *enfant*, etc.

La, on dit : *l'abeille*, *l'épée*, *l'intention*, *l'oisiveté*, etc., pour la *abeille*, la *épée*, etc.

Je, on dit : *j'apprends*, *j'étudie*, *j'honore*, *j'oublie*, etc., pour je *apprends*, etc.

Me, on dit : *vous m'aimez*, *vous m'estimez*, *vous m'instruisez*, pour me *aimez*, etc.

Te, on dit : *je t'avertis*, *je t'ennuie*, *je t'invite*, etc., pour te *avertis*, etc.

Se, on dit : *il s'amuse*, *il s'ennuie*, *il s'instruit*, *il s'occupe*, pour se *amuse*, etc.

De, on dit : *beaucoup d'apparence*, *d'ignorance*, *d'orgueil*, pour de *apparence*, etc.

Ne, on dit : *je n'aime pas*, *je n'estime pas*, *il n'obéit pas*, pour ne *aime*, etc.

Que, on dit : *qu'avez-vous fait ? qu'importe ?* pour que *avez-vous fait*, etc.

Ce, on dit : *c'est la vérité*, pour ce *est*, etc.

E, à la fin des mots, *quelque*, *entre*, *jusque*.

Quelque perd *e* devant *un*, *autre* : quelqu'*un*, quelqu'*autre*.

Entre perd *e* devant *eux*, *elles*, *autres* : entr'*eux*, entr'*elles*, entr'*autres*.

Jusque perd *e* devant *à*, *au*, *aux*, *ici* : jusqu'*à Paris*, jusqu'*au ciel*, jusqu'*ici*.

I se retranche dans le mot *si*, devant *il*, *ils* : s'il *arrive*, s'ils *viennent*.

Du Trait d'Union.

Le *Trait d'Union* (-) se met entre les verbes et *je*, *me*, *moi*, *toi*, *tu*, *nous*, *vous*, *il*, *elle*, *elles*, *le*, *la*, *les*, *lui*, *leur*, *y*, *en*, *ce*, *on*, quand ces mots sont placés après le verbe.

EXEMPLES.

Irai-je? viens-tu? donnez-lui; achevera-t-il? viendra-t-elle? a-t-on fait? prenez-en, etc.

On met encore le trait d'union entre deux mots tellement joints ensemble, qu'ils n'en font plus qu'un : *chef-d'œuvre, courte-pointe, avant-coureur.*

Du Tréma.

Le *Tréma* (¨). On appelle ainsi deux points placés sur les voyelles *i*, *u*, *e*, quand ces lettres doivent être prononcées séparément de la voyelle qui précède : comme *hair, paien, Saul, ambiguë*, pour empêcher qu'on ne prononce ce dernier mot comme *fatigue*.

De la Cédille.

La *cédille* (ç) : On appelle ainsi une petite figure qu'on met sous le *c*, devant *a*, *o*, *u*, pour avertir qu'il doit avoir le son de *s*, comme dans *façon, leçon, façade, reçu.*

De la Parenthèse.

La *Parenthèse*. On appelle ainsi deux crochets ( )

dans lesquels on renferme quelques mots détachés ; exemple : *Celui qui évite d'apprendre* (dit le sage) *tombera dans le mal.*

CHAPITRE XII.

DE LA PONCTUATION.

La *ponctuation* est l'art d'indiquer dans l'écriture, par des signes reçus, la proportion des pauses que l'on doit faire en parlant.

Les repos de la voix dans le discours, et les signes de la ponctuation dans l'écriture, doivent donc toujours se correspondre.

Les signes de la ponctuation sont la virgule (,), le point et la virgule (;), les deux-points (:), et le point (.), auxquels on joint le point exclamatif (!), et le point interrogant (?).

DE LA VIRGULE.

La virgule marque la plus petite pause possible, elle se place entre les substantifs, les adjectifs, et les verbes qui se suivent.

EXEMPLES.

Le *cœur*, l'*esprit*, les *mœurs*, *tout* gagne à la culture.

Il faut régler ses *goûts*, ses *travaux*, ses *plaisirs*, etc.

Dans un chemin *montant*, *sablonneux*, *mal-aisé*,
Et de tous les côtés au soleil *exposé*,
  Six forts chevaux tiroient un coche.
L'attelage *suoit*, *souffloit*, *étoit* rendu.

La virgule sert encore à distinguer les différentes parties d'une phrase : *les anciennes mœurs, un certain usage de la pauvreté, rendoient à Rome les fortunes à peu près égales.*

On met entre deux virgules toute proposition incidente, purement explicative : *les passions, qui sont les maladies de l'ame, ne viennent que de notre révolte contre la raison.*

Mais la proposition incidente déterminative ne doit point être mise entre deux virgules, parce qu'elle ne peut être séparée de la proposition principale sans altérer le sens de celle-ci. Exemple : *la gloire qui vient de la vertu a un éclat immortel.*

On met la virgule après tout mot elliptique qui se trouve au commencement d'une phrase, soit qu'il représente une phrase entière, soit qu'il ne tienne lieu que d'une préposition avec son régime. *Encore trop heureux, si les coups les plus cruels de la fortune ont servi à m'instruire, à me rendre plus modéré.*

Là, tous les champs voisins, peuplés de myrtes verts,
N'ont jamais ressenti l'outrage des hivers.

On sépare par une virgule les mots en apostrophe ou en exclamation, s'ils sont au commencement de la phrase, et on les met entre deux virgules, s'ils se trouvent dans le corps de la phrase. Il en est de même des interjections.

Jeux cruels du hasard, en qui me montrez-vous
Une si fausse image et des rapports si doux ?

Venez, dignes amis, venez, vengeurs des crimes,
Au dieu de la patrie immoler ces victimes.

Du Point avec la Virgule.

Le point avec la virgule marque une pause un peu plus longue. Il se met entre deux phrases dont la seconde dépend de la première. Exemple : *l'auteur, pour bien écrire, doit être également attentif aux choses qu'il dit, et aux termes dont il se sert ; afin qu'il y ait du vrai et du goût dans ses ouvrages.*

Des Deux-Points.

Les deux-points marquent encore une pause plus longue. On s'en sert,

1.° Après une phrase finie, mais suivie d'une autre qui l'éclaircit, ou qui l'étend. Exemple : *Il ne faut jamais se moquer des misérables : car qui peut s'assurer d'être toujours heureux ?*

2.° Quand on passe à un discours direct qu'on rapporte. Exemple : *Calypso s'avance vers Télémaque, et sans faire semblant de savoir qui il est : d'où vous vient, lui dit-elle, cette témérité d'aborder en mon île ?... Télémaque lui répondit : ô vous, qui que vous soyez, mortelle ou déesse,* etc.

Du Point.

Le point marque la plus longue de toutes les pauses. On le met après un sens entièrement fini. Exemple : *la pudeur fut toujours la première des grâces.*

Outre ce point, on doit en distinguer deux autres qui sont d'un grand usage ; savoir, le point d'interrogation, et le point exclamatif.

Le point *interrogant* se met à la fin des phrases qui expriment une interrogation : *quoi de plus beau que la vertu ?*

Le point *exclamatif* se met à la fin des phrases

qui expriment la surprise, la terreur, la pitié, etc., ou après une interjection : *en effet, dès qu'elle parut : ah! mademoiselle, comment se porte monsieur mon frere ?.... Sa pensée n'osa aller plus loin... Madame, il se porte bien de sa blessure... Et mon fils !.. On ne lui répondit rien. Ah ! mademoiselle, mon fils ! mon cher enfant ! répondez-moi, est-il mort sur-le-champ ? n'a-t-il pas eu un seul moment ? Ah! mon Dieu ! quel sacrifice !*

DE L'ANALYSE DU DISCOURS.

CONSTRUCTION DES PHRASES.

I.

La phrase simple est la réunion de plusieurs mots qui forment un sens. Exemple : *La vertu conduit au bonheur.*

Il ne peut pas y avoir de phrase qui n'ait au moins un sujet et un verbe exprimé ou sous-entendu.

Il n'y a pas de nom, ou pronom, ou adjectif, ou verbe qui ne soit ou sujet ou régime, ou bien qui ne s'accorde avec aucun autre mot. N'exceptez que le nom par lequel on adresse la parole à une personne ; comme dans ces mots : *Mon frère, je pars.*

II.

Le sujet, avec les mots qui en dépendent, se place ordinairement à la tête de la phrase ; ensuite vient le verbe ; après lui l'adverbe, ou la préposition avec son régime ; et enfin les régimes du verbe, avec les mots qui dépendent de ces régimes. Quand ces régimes sont d'une longueur inégale, le plus court se place le premier ; s'ils sont d'une égale longueur, c'est le régime direct qui se place le premier. Mais il faut que cet arrangement ne forme pas d'équivoque, comme dans cette phrase : *La réflexion inspire des vues utiles aux personnes sensées.* On ne sait pas si je veux dire que ces vues *sont utiles aux personnes sensées,* ou que la réflexion les *inspire aux personnes sensées* ; si c'est ce dernier sens que j'ai voulu faire entendre, il falloit dire : *La réflexion inspire aux personnes sensées des vues utiles.*

Le sujet se place après le verbe, quand ce sujet est suivi de plusieurs mots qui en dépendent, et c'est ordinairement le dernier membre de la phrase qui doit être le plus long.

EXEMPLES.

C'est ici que mourut ce grand, ce conquérant, cet homme si vanté dans le monde.

Le régime se met quelquefois avant le verbe, pour donner plus de vivacité à la phrase.

EXEMPLE.

Cette justice *qui nous est quelquefois refusée par les hommes, Dieu saura bien nous la rendre un jour.*

Justice est régime *de rendre,* aussi bien que le pronom *la.*

III.

Outre les phrases simples, il y a des phrases composées.

La phrase composée ou la *période* est un assemblage de plusieurs phrases simples dépendantes les unes des autres, et liées ensemble par des pronoms relatifs, ou par des conjonctions.

EXEMPLES.

Nous savons qu'un enfant qui aime ses devoirs, est chéri de ses parens.

Dans cette période, la phrase principale est *nous savons.* Ces mots *un enfant est chéri de ses parens* sont une phrase dépendante qui se lie à la principale par la conjonction *que.* Ces mots *qui aime ses devoirs* forment une autre phrase dépendante, liée à la principale par le pronom relatif *qui.* On l'appelle aussi *incidente,* parce qu'on pourroit la supprimer sans détruire le sens du reste de la phrase.

ANALYSE D'UNE PHRASE.

Analyser le discours, c'est rendre compte de tous les mots qui composent une phrase, en marquant : 1.° à quelle partie du discours appartient chaque mot ; 2.° avec quel autre mot il s'accorde ou bien de quel autre mot il est sujet ou régime, et rendre raison de tout cela, d'après les règles de la Grammaire.

Pour bien analyser, il faut non-seulement savoir distinguer d'un coup d'œil les différentes sortes de verbes et les divers rapports que les mots ont entr'eux ; mais encore comprendre parfaitement le sens du discours, et pouvoir suppléer ce qu'il y a de sous-entendu. Dans cette phrase, par exemple : *Je n'ai pas de quoi vivre,* on ne trouvera ni quel est l'antécédent de *quoi,* ni de quel mot *vivre* est régime, à -moins qu'on ne supplée, en disant : *Je n'ai pas* (*le bien*) *de quoi* (*je puisse*) *vivre.* Dans cette autre phrase, *Il a vécu trente ans ; trente ans* n'est pas régime de *vivre* qui est un verbe neutre, mais de la préposition *pendant* sous-entendue : *Il a vécu* (*pendant*) *trente ans.* Il en est de même de beaucoup d'autres phrases.

MANIÈRE D'ANALYSER.

Pour analyser vous direz :

Pour les Noms.

1. L'espèce de mot.
2. Le genre.
3. Le nombre.
4. S'il est régime, et de quoi.
5. S'il est sujet, et de quel verbe.

Pour les Adjectifs.

1. L'espèce de mot.
2. Le genre.
3. Le nombre.
4. A quoi il se rapporte.
5. Par quelle règle il est au singulier, ou au pluriel, au masculin, ou au féminin.

Pour les Verbes.

1. L'espèce de mot.
2. Les temps primitifs.
3. La personne.
4. Le nombre.
5. Le temps.
6. Le mode.
7. La conjugaison.
8. Quel est son sujet.
9. Par quelle règle il est gouverné.

Pour l'Article.

1. L'espèce de mot.
2. Le genre.
3. Le nombre.
4. S'il n'est pas entier vous direz la lettre qui est sous-entendue.

Pour les Pronoms.

1. L'espèce de mot.
2. Le genre.
3. Le nombre.
4. La personne.
5. Quelle sorte de pronom.
6. A quoi il se rapporte, ou de quel mot il tient la place.
7. De quoi il est sujet ou régime.
8. Par quelle règle il est gouverné.

Pour les Participes.

1. L'espèce de mot.
2. Le genre.
3. Le nombre.
4. Quelle sorte de participe.
5. A quoi il se rapporte.
6. S'il est sujet ou régime.
7. Par quelle règle il est gouverné.

Pour les autres espèces de mots, vous les indiquerez seulement.

Voici un exemple d'analyse, qui pourra servir de modèle aux commençans.

« Est-il possible que Dieu nous ait tant aimés,
» et que nous l'aimions si peu? Instruits de sa bonté
» par la foi, les Chrétiens savent qu'il est disposé
» à les sauver ; et que s'ils ne se sauvent pas, c'est
» qu'ils se seront refusés eux-mêmes, par la plus
» grande des folies, à des biens immortels que leur
» Sauveur avoit résolu de leur accorder. »

Est, troisième pers. du sing. du présent de l'indicatif du verbe *être* pris impersonnellement.

Il, pronom personnel singulier masculin, sujet de *est,* placé après le verbe parce qu'on interroge.

Possible, adjectif masculin singulier qui se rapporte à *il.*

Que, conjonction, parce qu'on ne peut pas le tourner par *quelle chose,* ni par *lequel, laquelle.*

Dieu, nom masculin singulier, sujet du verbe *ait aimés.*

Nous, pronom pers. masculin pluriel, de la première personne, régime direct du verbe *aimés.*

Ait aimés, troisième personne du singulier du parfait du subjonctif du verbe actif *aimer,* de la première conjug., qui se rapporte à *Dieu* son sujet. *Aimés* s'accorde avec *nous* son régime direct, parce qu'il en est précédé.

Tant, adverbe.

Et, conjonction.

Que, conjonction.   —

Nous, pronom pers. plur. masc., de la première personne sujet du verbe *aimions.*

L', pour *le*, pronom pers. sing. mas. qui tient la place de *Dieu*, et régime direct du verbe *ai-mions.*

Aimions, première pers. du pluriel du présent du subjonctif du verbe *aimer*, qui se rapporte à *nous* son sujet.

Si, adverbe, et non pas conjonction, parce qu'il peut se tourner par *aussi.*

Peu, adverbe.

Instruits, partic. passé passif du verbe *instruire*, s'accordant avec *chrétiens*, auquel il se rapporte, parce qu'il n'est joint ni au verbe *être*, ni au verbe *avoir.*

De, préposition.

Sa, pronom possessif qui s'accorde avec *bonté.*

Bonté, nom féminin singulier, régime indirect de *instruits*, par le moyen de la préposition *de.*

Par, préposition.

La, article sing. fémin. qui se rapporte à *foi.*

Foi, nom fém. sing., régime direct du partic. *ins-truits*, pris ici dans le sens passif.

Les, article pluriel.

Chrétiens, nom masculin pluriel, sujet du verbe *savent.*

Savent, troisième personne du plur. du prés. de l'indicatif du verbe actif *savoir*, de la troisième conjugaison, qui se rapporte à *chrétiens* son sujet.

Qu' pour *que*, conjonction.

Il, pronom personnel masc. sing. de la troisième pers. tenant la place de *Dieu*, et sujet du verbe *est disposé.*

Est disposé, troisième pers. du sing. du présent de l'in-dicatif   verbe passif *être disposé. Disposé* s'accorde avec *il*, parce qu'il est employé au passif.

A, préposition.

Les, pronom person. masc. pluriel de la troisième personne, tenant la place de *chrétiens ;* et régime direct de *sauver*.

Sauver, verbe actif au présent de l'infinitif, régime indirect de *est disposé*, par le moyen de la préposition *à*.

Tous, pronom indéfini pluriel masculin, qui s'accorde avec le pronom *les*.

Et, conjonction.

Que, conjonction.

S' pour *si*, conjonction.

Ils, pronom personnel, etc., sujet du verbe *se sauvent*.

Ne pas, adverbe.

Se, pronom réfléchi, pluriel masculin de la troisième personne, se rapportant à *chrétiens*, et régime direct de *sauvent*.

Se sauvent, troisième personne, etc., du verbe réfléchi *se sauver*.

C' pour *ce*, pronom démonstratif.

Est, troisième personne, etc., qui se rapporte à *ce* son sujet.

Que, conjonction, pour *parce que*.

Ils, pronom personnel, etc., sujet du verbe *se seront refusés*.

Se, pronom réfléchi, etc., régime direct du verbe *seront refusés*.

Se seront refusés, troisième personne, etc., du verbe réfléchi *se refuser*, qui se rapporte à *ils* son sujet. *Refusés* s'accorde ici avec *se*, parce qu'il en est précédé, et que *se* est son régime direct.

Eux, pronom pers., etc., se rapportant à *se*.

Mêmes, pron. indéfini, s'accordant avec *eux*, parce qu'il le suit immédiatement.

Par, préposition.

La plus grande, adjectif au superlatif relatif, lequel s'accorde avec *folie*, sous-entendu.

(*Folie*, sous-entendu) nom féminin singulier, régime de la préposition *par*.

Des pour *de les*, préposition et article.

Folies, nom fémin. plur., régime de la préposition *de*

A, préposition.

Des, préposition et article, pour *de les*.

Biens, nom pluriel, etc., régime indirect du verbe *se seront refusés*.

Que, pronom relatif, s'accordant avec *biens* son antécédent, et régime direct du verbe *accorder*.

Leur, pronom possessif, etc., s'accordant avec *Sauveur*.

Sauveur, nom, etc., sujet du verbe *avoit résolu*.

Avoit résolu, troisième personne, etc., du verbe actif *résoudre*, se rapportant à *Sauveur* son sujet. *Résolu* est ici invariable; parce que le *que* qui précède n'est pas son régime direct, mais celui de *accorder*.

De, préposition.

Leur, pronom personnel, etc., tenant la place de *chrétiens*, et régime indirect de *accorder*.

Accorder, verbe actif au présent de l'infinitif, régime direct du verbe *avoit résolu*, par le moyen de la préposition *de*. *Avoit résolu quoi ? d'accorder*.

TABLEAU DE LOCUTIONS VICIEUSES
Corrigées d'après le Dictionnaire de l'Académie.

MAUVAISES LOCUTIONS.	BONNES LOCUTIONS.
A bonne heure, *plus à* bonne heure, *trop à* bonne heure.	*De* bonne heure, *de meilleure* heure, *de trop* bonne heure.
Madame *a* accouché d'un garçon.	Madame *est* accouchée d'un garçon.
J'ai parti, rentré, sorti, tombé.	Je *suis* parti, rentré, sorti, tombé.
On a peine à concevoir que Voltaire *ait* tombé de si haut.	On a peine à concevoir que Voltaire *soit* tombé de si haut.
Il *a* tombé de la pluie, il en *a* résulté que, etc.	Il *est* tombé de la pluie, il en *est* résulté que, etc.
Ils *avoient* convenu d'acheter cette maison. Nous *avions* convenu de ce qui suit.	Ils *étoient* convenus d'acheter cette maison. Nous *étions* convenus de ce qui suit. (*Convenir* signifiant *tomber d'accord*, prend *être*).
Il *a* passé un courrier par cette ville.	Il *est* passé un courrier par cette ville *Passer* pris impersonnellement prend *être*.)
Je suis fâché de ne *m'avoir* pas trouvé chez moi hier.	Je suis fâché de ne *m'être* pas trouvé chez moi hier.

MAUVAISES.	BONNES.
J'allois vite et je *m'avois* laissé tomber.	J'allois vite et je *m'étois* laissé tomber. (Se *trouver* et se *laisser* sont des verbes réfléchis ; ils doivent donc prendre *être* à leurs temps composés).
L'orage *a* cessé, les hostilités *ont* cessé.	L'orage *est* cessé, les hostilités *sont* cessées.
Ils *sont* contrevenus à vos ordres.	Ils ont contrevenu à vos ordres. (Contrevenir, subvenir, et convenir signifiant *accommoder*, prennent *avoir*).
Ils *sont* disparus, comparus, péris.	Ils *ont* disparu, comparu, péri.
Je *suis* été, nous *sommes* été. (Faute grossière).	J'*ai* été, nous *avons* été. (Le participe *été* demande le verbe *avoir*).
Je *fus* le voir, lui parler. (faute très-commune).	J'*allai* le voir, lui parler.
Une faute *conséquente*.	Une faute *grave*.
Une affaire *conséquente*.	Une affaire *importante*.
Un bien *conséquent*. (Cette faute est très-fréquente : *conséquent* signifie qui agit, qui raisonne *conséquemment*, qui est d'accord avec soi. Un esprit *conséquent* (juste).	Un bien *considérable*.
Ce Notaire *acte* bien.	Ce Notaire *rédige* bien, *stipule* bien.

MAUVAISES.	BONNES.
J'ai parlé à *chez* Pierre. *Chez* mes frères vous attendent.	J'ai parlé *à* Pierre. Mes frères vous attendent.
Crainte de mourir. *Crainte que* cela n'arrive.	*De crainte* de mourir. *De crainte* que cela n'arrive.
Voilà un bel *aigledon*.	Voilà un bel *édredon*. (Duvet de certains oiseaux dont on fait des couvertures).
On a *davantage* de société à la ville *qu'à* la campagne.	On a *plus* de société à la ville *qu'à* la campagne.
Rien n'étonne *davantage* les étrangers, *que* la beauté de nos grands chemins.	Rien n'étonne *plus* les étrangers *que* la beauté de nos grands chemins.
(Davantage est un adverbe et ne peut être suivi d'un *de* ni d'un *que*.)	
La Fontaine est le poëte que j'aime *davantage*.	La Fontaine est le poëte que j'aime *le plus*.
(*Davantage* termine ordinairement un second membre de phrase).	On diroit également :
J'aime Chloé, mais j'aime Adèle encore *davantage*.	Ceux qui ont le moins de livres, sont quelquefois ceux qui en lisent *le plus* (et non pas *davantage*.)
Ainsi, par conséquent, c'en est fait.	Ainsi, c'en est fait; par conséquent c'en est fait. (Ces deux mots exprimant la même chose, l'on ne doit se servir

MAUVAISES.

Cet homme a vécu *une belle âge.*

Agonir ou *agoniser* quelqu'un de sottises, d'injures.

(*Agonir* n'est pas françois, et *agoniser* signifie être à l'agonie).

Il s'est levé *auparavant* le jour ; il veut faire son testament *auparavant* de mourir. (*Auparavant,* étant un adverbe, ne peut s'employer qu'à la fin de la phrase).

Il est arrivé *devant* moi.

(*Devant* ne s'emploie que lorsqu'il s'agit de marquer le *lieu,* la *place.* Ne vous mettez pas *devant moi ;* il s'emploie aussi dans le sens de *en présence de :* les accusés ont comparu *devant* les Juges).

Malgré qu'il soit tard.

En cas qu'il meure.

(*En* cas appelle un nom : *en cas* de mort, *en cas* de malheur.)

BONNES.

que de l'un ou de l'autre).

Cet homme a vécu *un bel âge.*

Accabler quelqu'un de sottises, d'injures.

Il s'est levé *avant* le jour ; il veut faire son testament *avant* de mourir.

Il est arrivé *avant* moi.

(Quand il s'agit du temps, d'une époque, on doit toujours se servir de *avant*).

Quoiqu'il soit tard.

Au cas qu'il meure.

MAUVAISES.	BONNES.
La maison (*famille*) d'où je sors., (On n'emploie *d'où* qu'en parlant d'un lieu.)	La maison (*famille*) dont je sors.
La maison (*bâtiment*) *dont* je sors.	La maison (*bâtiment*) d'où je sors.
J'ai plusieurs endroits à *aller*. (On ne va pas *des endroits*, mais on va *dans* des endroits.)	Je *dois aller* dans plusieurs endroits.
Durant qu'on le peut, ma vie *durante*.	*Tandis* qu'on le peut, ma vie *durant*. (*Durant* est une préposition qui se place après son complément).
Eclairez monsieur, *éclairez* madame. (Eclairer signifie ici, *donner* ou *procurer de la lumière;* on ne diroit pas *donnez* ou *procurez de la lumière monsieur*, mais bien *à monsieur*.)	Eclairez *à* monsieur, éclairez *à* madame.
Achetez de *la bonne amidon*.	Achetez de *bon amidon*.
Vendez-moi de la *bonne amadou*.	Vendez-moi de *bon amadou*. (Ces 2 mots masc.)
Il est l'heure du dîner.	*C'est* l'heure du dîner.
Voilà *du* bon pain, *de la* bonne viande.	Voilà *de* bon pain, *de* bonne viande. (Comme on dit : voilà *de* bonnes gens.)

MAUVAISES.	BONNES.
C'est eux qui ont bâti ce superbe labyrinthe.	*Ce sont* eux qui ont bâti ce superbe labyrinthe.
C'est mes affaires ; ce *n'est* pas mes affaires.	*Ce sont* mes affaires ; *ce ne sont* pas mes affaires.
C'est des bonnes gens ; *c'étoit* mes sœurs.	*Ce sont* de bonnes gens ; *c'étoient* mes sœurs.
C'est deux heures qui sonnent.	*Ce sont* deux heures qui sonnent.
Est-ce quatre heures qui sonnent ?	*Sont-ce* quatre heures qui sonnent ?
Lesquels *est-ce* qui ont tort? (faute grave).	*Quels sont ceux* qui ont tort ?
C'est mon frère qui *étoit* malade.	*C'étoit* mon frère qui *étoit* malade. (Les temps des deux verbes doivent se correspondre).
C'est ma sœur qui se *trouva* mal.	*Ce fut* ma sœur qui se *trouva* mal.
Sont-ce les mauvais ouvrages qui vous *formeront* le cœur et l'esprit ?	*Seront-ce* les mauvais ouvrages qui vous *formeront* le cœur et l'esprit ?
Il a manqué *de* tomber ; je me rappelle *de* l'avoir vu.	Il a manqué tomber ; je me rappelle l'avoir vu.
Acheter bon marché ; atteindre *le* but.	Acheter *à* bon marché ; atteindre *au* but.
Voilà un beau chat *angola.*	Voilà un beau chat *angora.*
Croire *à* un voyageur. Insulter *à* quelqu'un. Applaudir *à* un orateur.	Croire un voyageur. Insulter quelqu'un. Applaudir un orateur.
Pincer *de* la harpe, *de* la guitare ; battre *du* tambour	Pincer la harpe, la guitare ; battre le tambour ;

MAUVAISES.	BONNES.
bour ; toucher *de* l'orgue, *du* forté-piano.	toucher l'orgue, le forté-piano.
Aider *aux* pauvres. (On peut dire : Aider *à* quelqu'un *à* se relever. Le vin aide *à* la digestion.)	Aider les pauvres. (les secourir.)
Croire un récit. Insulter *le* malheur. Applaudir un discours.	Croire *à* un récit. Insulter *au* malheur. Applaudir *à* un discours.
Gravir un roc, un coteau.	Gravir *contre* un roc, sur *un* coteau.
Lire *sur* un contrat, *sur* un livre.	Lire *dans* un contrat, *dans* un livre.
Observer à quelqu'un. Je vous observe que....	*Faire* observer à quelqu'un ; je vous *fais* observer que....
On demande *après* vous ; la clef est *après* la serrure.	On vous demande ; la clef est *à* la serrure.
Renoncez le jeu, la partie.	Renoncez *au* jeu, *à* la partie.
Saigner *au* nez, par le nez.	Saigner *du* nez (au propre et au figuré).
Il *reste* bien à venir. Où restez-vous, *pour* : Où logez-vous ?	Il *tarde* bien à venir. (On diroit : *Il me tarde de* le voir) Où *logez-vous ?* Où *demeurez-vous ?*
Retrancher un couplet *à* une chanson.	Retrancher un couplet *d'*une chanson. (On dit : « Retrancher la » portion *à* un malade. »)
Mon ami est *en* campagne (faute bien commune).	Mon ami est *à* la campagne.

MAUVAISES.	BONNES.
(En campagne ne peut se dire que du mouvement des troupes : *l'armée est en campagne*).	
Au jour d'aujourd'hui (c'est une expression vicieuse que l'on doit éviter.)	Aujourd'hui. (Ce seul mot suffit).
Ces jours-*ici*, ces hommes-*ici*. (Cette faute est très répandue).	Ces jours-*ci*, ces hommes-*ci*.
Ce que je vous ai dit n'est rien *auprès* de ce que vous allez entendre.	Ce que je vous ai dit, n'est rien *au prix* ou *en comparaison* de ce que vous allez entendre.
Je n'ai *pas* peur *ni* de vous *ni* de lui.	Je n'ai peur *ni* de vous *ni* de lui.
Nous ne sommes *pas* sortis *ni* l'un ni l'autre. (*Ni* répété exclut *pas*).	Nous ne sommes sortis *ni* l'un *ni* l'autre.
La porte *ou* la fenêtre *donnent* du vent, *sont* ouvertes.	La porte ou la fenêtre *donne* du vent, *est* ouverte.

Le mot *ou* est une conjonction disjonctive qui demande le verbe au singulier ; mais on diroit avec la conjonction *et :* la porte et la fenêtre *donnent* du vent, *sont* ouvertes, parce que la conjonction *et*

MAUVAISES.	BONNES.
	unit les deux noms singuliers qui demandent le verbe au pluriel.)
Il est *en* même de vous rendre service. Je l'ai mis *en* même de....	Il est *à* même de vous rendre service. Je l'ai mis *à* même de....(On peut dire aussi : Il est *à portée* de...)
Mon *arrière grand-père* étoit un savant. (Cette phrase forme un contre-sens, *arrière* signifie ce qui vient après, et *bisaïeul*, qui vient avant).	Mon *bisaïeul* étoit un savant.
On a commis un *assassin*. (Faute très-commune parmi le peuple ; *assassin* est le nom du criminel et *assassinat* celui du crime).	On a commis un *assassinat*.
On ne peut lui dire un mot sans qu'il *ne* se fâche.	On ne peut lui dire un mot sans qu'il se fâche.
J'aurai achevé mon ouvrage avant qu'il *n'*arrive. Je lui écrirai avant qu'il *ne* quitte Rome.	J'aurai achevé mon ouvrage avant qu'il arrive. Je lui écrirai avant qu'il quitte Rome. (*Sans que* et *avant que* rejettent toujours le *ne*).
Voilà un des plus *beaux* orgues que je connoisse.(Domergue, et c'est	Je ne connois pas de plus *belles* orgues que *celles-ci*. Je ne connois pas

MAUVAISES.	BONNES.
une grande autorité, approuve cette locution, quoiqu'on doive dire au singulier : *un* BEL *orgue*, et au pluriel : *de* BELLES *orgues;* le singulier, dit-il, exerce, dans ce cas, son empire sur le pluriel. Boinvilliers dit que les locutions énoncées ci-contre sont préférables.)	de plus *bel* orgue que *celui-ci.*
Pendant que le pèrefait la lecture, les enfans sont *alentour* de la table. (*Alentour* est un adverbe sans régime, qui termine ordinairement la phrase; exemple : La mère est à la table, et ses enfans sont *alentour*).	Pendant que le père fait la lecture, les enfans sont *autour* de la table.
Je vous ai vus courir *à travers des* champs, *à travers des* prés.	Je vous ai vus courir *à travers les* champs, *à travers les* prés.
Voyez *voir,* examinez *voir,* on vous trouve tout par tout.	Voyez, examinez, on vous trouve par tout.
Pour quant à moi, je partirai demain.	Pour moi ou quant à moi, je partirai demain.
Votre frère est arrivé *avanz-hier.*	Votre frère est arrivé *avant-hier.* (Faites sonner le *t.*)

G

MAUVAISES.	BONNES.
Il a *tout plein* d'amis.	Il a *beaucoup* d'amis.
Ce peintre est *autant* habile que vous.	Ce peintre est *aussi* habile que vous.
Je me suis trouvé dans *le* bagard. (Grand bruit causé par une querelle.)	Je me suis trouvé dans *la* bagarre. (Ce mot populaire est du féminin.)
C'est *ici où* je finirai mes jours. (*Ici* et *où* forment un pléonasme frappant).	C'est ici *que* je finirai mes jours.
Savez-vous jouer *au berlan ?*	Savez-vous jouer *au brelan ?*
Vous avez de belles *berloques* à votre cordon de montre.	Vous avez de belles *breloques* à votre cordon de montre.
Je *me* rappelle *de* quelque chose.	Je me rappelle *quelque chose.*
Je *m'en* rappelle.	Je me *le* rappelle.
Il est *impossible* que *je puisse* aller vous voir. (Ces mots *possible* et *impossible* ne peuvent s'employer avec le verbe *pouvoir*.)	Il m'est impossible d'aller vous voir.
Quel *boulvari !*	Quel *hourvari !* (Expression familière, pour signifier un grand tumulte).
Votre sœur n'est pas aussi *instruite* que je l'aurois *cru.*	Votre sœur n'est pas aussi *instruite* que je l'aurois *cru.*
cousines ne sont pas	Vos cousines ne sont pas

MAUVAISES.	BONNES.
aussi *savantes* que je *les* aurois *imaginées*.	aussi *savantes* que je *l'*aurois *imaginé*.
Ma fille, es-tu *malade?* oui je *la* suis.	Ma fille, es-tu *malade?* oui je *le* suis.
Mesdames, êtes-vous *délassées?* oui nous *les* sommes.	Mesdames, êtes-vous *délassées?* oui nous *le* sommes.
Donne moi-*s*-en.	Donne *m'en* ou donne moi *de cela*.
Occupe toi-*s*-en.	Occupe *t'en* ou occupe toi *de cela*.
Souviens toi-*s*-en.	Souviens *t'en* ou souviens toi *de cela*.
Menez moi-*s*-y, mène *m'y*.	Menez *y* moi ou mène moi *là*.
Tiens toi-*s*-y, tiens *t'y*.	Tiens *y toi* ou tiens toi *là*.
Pourquoi-*t*-est-ce qu'il n'est pas venu me voir?	Pourquoi *n'est-il* pas venu me voir?
Il va-*t*-à merveille.	Il *va* à merveille.
Où *ce* qu'il est?	Où est-il?
Va*t*-il mieux?	Va-t-il mieux?
(Le *t* ne doit pas être *final* ici, mais il doit être intercalaire (-*t*-).	
Va-t-en.	Va *t'en*, de *s'en aller*.
	(Le *t* n'est pas ici un *t final* ni un *t intercalaire*; il est mis pour *te*, *toi*, et il doit, dès-lors, admettre l'apostrophe avant la voyelle.

VOCABULAIRE

De Mots qui ont la même prononciation, mais qui diffèrent de signification par l'orthographe.

A

A, rivière de France.

a, du verbe *avoir*.

à, préposition.

ha! interjection.

ah! exclamation.

au, rivières de France et de Suisse.

haha, ouverture pratiquée dans un mur de jardin.

Abaisse, croûte formant le dessous d'un pâté.

abaisse, du verbe *abaisser*.

abbesse, religieuse ayant le commandement d'un convent.

Aboi, cri du chien.

Aboy, bourg d'Irlande.

aboie, temps du verbe *aboyer*.

abois, extrémité où le cerf est réduit, et par extension où une personne est réduite.

A

Accès, abord, facilité d'approcher.

accès, un accès de fièvre.

Ache, herbe qui ressemble au persil.

hache, temps du verbe *hacher*.

hache, outil.

H, l'une des lettres de l'alphabet.

Acier, fer épuré.

Assied, temps du verbe *asseoir*.

Acre, mesure de terre.

âcre, piquant, corrosif.

Acre, (St.-Jean d') ville de la Palestine.

Acquêt, bien acquis.

haquet, charrette.

Acquis, part. du verbe *acquérir*.

acquis, talens, savoir, connoissance.

acquit, décharge, quittance.

A

Adresse, indication de domicile.

adresse, dextérité.

adresse, temps du verbe *adresser*.

Ail, légume.

aille, temps du verbe *aller*.

Aile, cette partie du corps de l'oiseau qui lui sert pour voler.

aile, extrémité extérieure d'un bâtiment.

elle, pronom personnel.

Aine, partie du corps humain.

Aisne, rivière de France.

Aisne, département.

haine, sentiment opposé à l'amitié.

Air, un des quatre élémens.

air, suite de ton formant un chant.

aire, nid des oiseaux de proie.

aire, lieu ou l'on bat le grain.

Aire, ville de France.

ère, époque d'où l'on compte.

erre, temps du verbe *errer*.

A

haire, petite chemise de crin.

hère, espèce de jeu de cartes.

hère, homme sans mérite, sans considération.

Ais, planche.

Aix, ville de Provence.

es, temps du verbe *être*.

ès, prép. dans les *maîtres-ès-arts*.

Allé, participe du verbe *aller*.

hâlé, teint rembruni.

Allié, ami.

allier, (s') s'unir par les liens du mariage.

allier, sorte de filet.

Allier, rivière et département de France.

Amande, fruit de l'amandier.

Amende, punition pécuniaire.

Ami, lié par l'amitié.

A mi, locution, à mi-côte.

amict, partie du vêtement des prêtres.

ammi, plante.

Anate, arbrisseau des Indes.

annate, droit du pape.

Anche, petit tuyau plat

A

à l'usage du clairon, du basson, etc.

hanche, partie du corps humain.

Ancre, terme de marine.

encre, à écrire.

Anne, prénom féminin.

âne, animal quadrupède

Anglais, habitans de l'Angleterre.

anglet, petite cavité creusée en angle droit qui sépare les bossages.

Anoblir, rendre noble.

ennoblir une langue par la richesse et la beauté de la diction.

Antre, caverne.

entre, préposition.

Anvers, ville de France.

envers, préposition.

Appas, ce qui charme.

appât, gain.

Après, préposition.

apprêt, préparatif.

Aras, gros perroquet.

haras, endroit où l'on élève les chevaux.

Arras, ville de France.

Are, mesure.

Aar, (l') rivière de Suisse.

arrhe, du verbe *arrher*.

arrhes, gages, à-compte.

A

ars, jambes du cheval.

art, méthode profonde.

hart, lien de bois.

hart, corde dont on se sert pour pendre un criminel.

Arrêt, jugement ou décision.

arrêt, saisie de personnes ou de bien.

arrêt (maison d').

arrêt (chien d').

arrêts (mettre un militaire aux).

arrête, du verbe *arrêter*.

arête, terme de marine.

arête, os de poisson.

Arétée, auteur romain.

arrêté, résolution d'une compagnie, règlement de compte.

arrêté, participe du verbe *arrêter*.

Argo, insecte, constellation.

argot, langage des filous.

Até, déesse du mal.

hâté, participe du verbe *hâter*.

athée, impie qui ne croit pas en Dieu.

Athée, bourg de France.

A

atelle, outil de plombier et de potier.

attelle, (j') présent de l'indicatif du verbe *atteler*.

Attique, pays de la Grèce.

attique, (sel) finesse d'esprit, raillerie fine des Athéniens.

attique, petit étage au-dessus des autres.

Au, article.

aux, article pluriel.

aulx, pluriel du végétal *ail*.

eau, élément liquide.

haut, adjectif dérivant du substantif *hauteur*.

O, interjection qui marque l'apostrophe ; ô vous, illustre magistrat!

ô! admiration.

oh! exclamation.

ho! interjection.

os, partie du corps.

Aube, rivière et département de France.

aube, la pointe du jour.

Aude, rivière et département de France.

ode, pièce de poésie.

Aulne, arbrisseau.

Aune, mesure de longueur.

A

Auspice, protection.

auspices, chez les Romains présage d'après le vol des oiseaux.

hospice, maison d'hospitalité.

Autan, vent orageux.

autant, adverbe.

Autel, constellation du midi.

autel, sorte de table destinée aux sacrifices religieux.

hôtel, lieu où on loge.

otel, adverbe, vieux mot qui signifie *autant*.

Auteur, la première cause de quelque chose.

hauteur, étendue d'un corps, élévation.

hauteur, fierté, arrogance d'une personne.

Automne, saison de l'année.

hottone, plante.

othone, arbrisseau toujours vert.

Aval, descendre la rivière.

aval, terme en usage dans le commerce, il signifie *faire valoir*, c'est une syncope des mots *à*

A

valoir. Celui qui met pour *aval* avec sa signature au bas d'une lettre de change, ou d'un billet, s'en rend caution.

Avale, (il) 3.e personne du singulier de l'indicatif présent du verbe *avaler.*

avalé, participe du verbe *avaler.*

avalé, qui pend un peu bas.

avalée, ce que fait un ouvrier à la fois.

Avalon, ville de France.

avalons, temps de l'impératif du verbe *avaler.*

Avant, proue d'un vaisseau.

avant, préposition, avant Pâques, etc.

avent, temps qui précède Noël.

Averne, terme de poésie, l'enfer.

averne, lac d'Italie.

B

Babouin, gros singe.

babouin, enfant badin et étourdi.

Bacha, gouverneur Turc.

bachat, cavité au-dessous d'un pilon.

B

bacchas, lie de jus de citron.

Badine, sorte de petite canne.

badines, pincettes.

Bah ! exclamation.

bas, partie de la chaussure.

bât, sorte de selle pour les ânes.

bat, temps du verbe *battre.*

Bai, couleur de cheval.

baie, rade ou golfe.

baie, petit fruit charnu, de certains arbres.

baie, ouverture qu'on laisse dans un mur pour y pratiquer une fenêtre.

Bailler, donner à *bail.*

bâiller, ouvrir la bouche et respirer fortement.

Bal, assemblée où l'on danse.

balle, plomb arrondi pour mettre dans le canon d'un fusil.

balle, gros paquet de marchandises couvert de toile.

balle, pelote ronde dont on se sert pour jouer.

balles, espèce de pelotes sur deux morceaux de

B

bois, remplis de laine, et recouverts de deux cuirs, servant à imprimer.

Bâle, ville de Suisse.

Balai, instrument pour nettoyer.

ballet, danse.

Ballon, vessie enflée d'air et recouverte de peau, avec laquelle on joue.

ballon, inventé par Montgolfier.

Ban, proclamation, publication, finage.

banc, siége.

Banc, bourg de France.

banc, élévation sensible au fond de la mer.

Banque, plante.

banque, commerce d'argent.

Barre, pièce de bois ou de métal, longue et étroite.

barre, trait de plume qu'on met sur un mot pour l'effacer, ou au-dessous pour le faire remarquer.

barre, banc de sable qui barre une rivière.

barre, lieu où sont obligés

B

de se mettre ceux qui viennent dans une assemblée nationale faire une pétition.

Barbarie, cruauté, inhumanité.

Barbarie, grande contrée d'Afrique.

Basilic, plante odoriférante.

basilic, serpent fabuleux.

basilique, nom donné à quelques églises principales.

Basque, chacun des 4 pans du justaucorps.

Basque, homme né en *Biscaye*.

Bangue, herbe maritime.

bogue, poisson de mer.

bogue, enveloppe piquante de la châtaigne.

Bête, animal, sot, stupide.

bette, plante potagère.

Biais, travers.

biez, canal d'un moulin.

Bile, humeur.

bill, décret du parlement d'Angleterre.

bille, boule d'ivoire.

bille, bâton pour serrer les ballots.

B

Billion, mille millions.
billon, monnoie de cuivre.
Bleime, maladie des chevaux.
blême, pâle.
Boa, sorte de serpent aquatique.
boie, étoffe d'Amiens.
bois, forêt.
bois, [je] présent de l'indicatif du verbe *boire*.
Boîte, cassette, tabatière.
boite, [je] présent de l'indicatif du verbe *boiter*.
Bom, grand serpent d'Amérique.
bon, excellent, profitable.
bond, saut.
Bonace, calme, tranquillité de la mer.
bonasse, naïf, simple.
Boucher, qui tue les bestiaux.
boucher, boucher un trou, le fermer.
Boue, fange.
boue, [je] présent de l'indicatif du verbe *bouer*.
bout, [il] présent de l'indicatif du verbe *bouillir*
Brême, poisson.
Brême, ville de France.
Brie, province de France.

B

brye, plante.
Brigand, scélérat, voleur.
briguant, du verb. *briguer*.
Buse, oiseau.
buze, tuyau d'un soufflet.
But, terme proposé.
Bute, île d'Ecosse.
butte, élévation de terre.
butte, du verbe *butter*.

C

Ça, abréviation de cela, qu'est-ce que *ça* fait?
çà, interjection : *çà*, raisonnons.
ç'a été, pour ce a été.
sa, pronom possessif. Sa voiture, etc.
Ças, ville de France.
sas, tamis.
Cabas, vieille voiture.
cabas, petit panier de jonc.
Cachos, plante d'Amérique.
Cachot, prison obscure.
Cacique, prince d'Amérique.
cassique, oiseau.
Cacis, sorte de groseillier.
caciz, docteur Musulman.
cacis, ratafia.
Cadi, juge en Turquie.
cadis, étoffe de laine.

C

Cadix, ville d'Espagne.

Cadran, surface où les heures sont marquées.

cadran, étau pour tenir les diamans quand on les taille.

cadrant, participe présent du verbe *cadrer*.

Café, fruit du cafier.

café, lieu public où l'on prend du café, du thé, etc.

Cahot, secousse d'une voiture sur un chemin raboteux.

chaos, état de l'univers avant la création.

Caisse, coffre où l'on met de l'argent, des marchandises, etc.

caisse, tambour.

Cajoler, louer, flatter, dans l'intention de séduire.

cajoler, mener un vaisseau contre le vent.

Cal, durillon.

cale, le fond d'un navire.

cale, morceau de bois dont on se sert pour mettre de niveau une table, une armoire.

Caen, ville de France.

camp, lieu où se loge une armée.

kan, dignité Tartare.

quand, conjonction de temps, lorsque.

quant, prép., quant à moi.

Canaux, pluriel de *canal*.

canot, petit bateau.

Cancer, tumeur, ulcère.

cancer, un des signes du zodiaque.

Cap, promontoire.

cape, manteau de femme.

Capot, sorte de manteau à capuchon.

capot, être *capot*, confus, humilié.

Car, conjonction.

quart, quatrième partie d'un entier.

Caracol, un escalier en limaçon.

caracole, mouvement d'un cheval.

Carte de géographie.

cartes, jeux de *cartes*.

quarte, fièvre *quarte*.

Cartier, fabricant de cartes à jouer.

quartier, demander *quartier*, se soumettre.

quartier, partie d'une ville.

C

Cartouche, ornement de peinture.

cartouche, congé qu'obtient un militaire.

cartouche, charge de fusil.

cartouche, nom d'un scélérat, terme injurieux.

Ce, pronom démonstratif. Ce cheval, ce vieillard.

se, pronom personnel.

Céans, ici dedans, se dit d'une maison où l'on est.

Céans, ville de France, département de l'Aude.

séant, qui réside, qui tient séance.

séant, décent, convenable.

séant, posture d'un homme assis dans son lit.

Cédant, participe présent du verbe *céder*.

Sédan, ville de France.

Céder, abandonner, laisser.

séder, apaiser, dissiper.

s'aider, se prêter secours mutuellement.

Ceignant, qui ceint, qui environne.

saignant, nez *saignant*, dont le sang découle.

C

Ceint, du verbe *ceindre*, entourer, environner.

cinq, nom de nombre.

sain, salubre.

saint, St. Pierre, St. Paul.

sein, mamelle.

seing, signature.

Sin, ville de la Chine.

Cène, repas.

scène de comédie.

seine, sorte de filet.

Seine, fleuve de France.

Celle, pronom démonstratif.

selle, sorte de siége qu'on met sur le dos d'un cheval.

Selles, ville de France.

Céler, taire, cacher.

sceller, apposer le sceau.

seller, placer la *selle* sur le dos du cheval.

Cellier, lieu où l'on place le manger.

sellier, celui qui fait les selles.

Selliers, bourg de France.

Sandale, chaussure.

cendale, étoffe.

sandale, sorte de navire.

Cent, nom de nombre.

cens, redevance annuelle.

cens, déclaration de ses

C

biens qu'on faisoit anciennement à Rome.

Sens, ville de France.

sens, faculté par laquelle nous recevons l'impression des corps étrangers.

sang, fluide rouge qui coule dans nos veines.

Censuel, qui a rapport au cens.

sensuel, attaché au plaisir des sens.

Censure, dignité de *censeur* chez les anciens Romains.

censure, correction, répréhension.

Cercle, plan que renferme une ligne circulaire.

cercle, dénomination qu'on donnoit autrefois à certaine étendue de pays en Allemagne.

Cerf, quadrupède.

serf, esclave.

cerre, espèce de chêne.

serres, griffe d'oiseau de proie.

serres, (tu) temps du verbe *serrer*.

serre, lieu clos où l'on place les arbrisseaux, les

C

fleurs pendant l'hiver.

Certes, certainement.

certe, poisson.

Ces, pronom démonstratif pluriel.

sait, temps du verbe *savoir*.

seps, sorte de lézard.

cep, pied de vigne.

ses, pronom possessif pluriel.

Cession, faire *cession*, abandonner.

session, temps pendant lequel un corps délibérant est assemblé.

Cette, pronom démonstratif, cette femme.

Cette, ville de France.

Chas, trou d'une aiguille.

chat, animal domestique.

chats, folles fleurs de saule, du noyer.

Châtelé, terme de blason; se dit des pièces chargées de plusieurs châteaux.

châtelet, tribunal de première instance qui existoit anciennement à Paris.

Chaine, anneaux engagés les uns dans les autres.

C

chêne, arbre.

Châsse, coffre où sont les reliques d'un saint.

chasse, poursuite, surtout celle des bêtes.

Chassé, pas de danse.

chassé, être poursuivi, être expulsé d'une société.

Chêneau, jeune chêne.

chéneau, conduit qui porte les eaux du toit dans la gouttière.

Chair, substance molle qui est entre les os et la peau de l'animal.

chaire, tribune d'un prédicateur.

cher, qui est précieux.

chère, faire bonne *chère.*

chère, cette personne m'est *chère.*

Chalan, bâteau plat.

chaland, pratique, acheteur.

Chale, pile de bois.

châle, grand fichu.

Champ, pièce de terre.

chant, ce que l'on chante.

Charme, sorte d'arbre.

charme, agrément d'une personne.

Chassie, matière gluante

C

qui sort des yeux malades.

châssis, tout ce qui enferme ou enchâsse quelque chose.

Chœur, chanter en chœur, ensemble.

cœur, partie du corps.

Chou, légume.

chou, espèce de pâtisserie.

Ci, adverbe de lieu et de temps.

si, conjonct. conditionnelle.

si, l'une des notes de la gamme.

Cire, produit des abeilles.

sire, épithète qui ne se dit qu'aux rois.

ciron, insecte presqu'imperceptible.

ciron, petite ampoule.

Cite, [je] présent de l'indicatif du verbe *citer.*

site, un beau *site.*

scyte, né en Scytie.

Cité, petite ville.

citer, ajourner à comparoître devant un tribunal.

citer, alléguer, *citer* un passage d'un auteur.

Clair, lumineux.

C

clerc, étudiant en pratique.

Clause, condition.

close, porte close, fermée.

Clocher, tour élevée où sont les cloches.

clocher, boiter en marchant.

Clorre, fermer, environner de murs.

clorre, achever, terminer.

Coi, tranquille, caché.

quoi, pronom relatif. A quoi pensez-vous ?

quoi! interjection. Quoi, vous le défendez !

Coche, bâteau.

coche, femelle du cochon.

Coche, ancienne forteresse d'Asie, sur le Tigre.

Coin, angle.

coin, pièce de bois ou de fer dont on se sert pour fendre.

coin, fruit.

Col, cou.

col, cravatte.

colle, matière gluante et tenace.

Comptant, participe présent du verbe *compter*.

contant, participe présent du verbe *conter*.

C

content, satisfait.

Compte, supputation, calcul.

comte, qualité de celui qui possède un *comté*.

conte, récit fabuleux.

Coq, le mâle de la poule.

coque, enveloppe de l'œuf.

Creuset, vase pour fondre les métaux.

creusoit, 3.ᵉ personne sing. de l'imparfait de l'indicatif du verbe *creuser*.

Cri, voix élevée et poussée avec effort.

cric, machine pour lever de terre un fardeau.

crik, perroquet.

crique, petite baie, petite anse.

Cru, qui n'est pas cuit.

cru, participe passé du verbe *croire*.

cru, du verbe *croître*.

Cuir, peau corroyée d'un animal.

cuire, faire cuire les alimens.

Curé, celui qui dessert une paroisse.

curé, sorte de tulipe.

C

curé, participe passé du verbe

curer, nettoyer.

curée, cette partie de la bête fauve qu'on donne aux chiens qui l'ont prise.

Cygne, oiseau aquatique, blanc, à long cou.

signe, marque, indice.

signe, [je] du verbe *signer*.

D

D, 4.e lettre de l'alphabet.

dé, à jouer ou à coudre.

Dais, espèce de ciel de lit.

des, pour *de les*.

des, préposition.

dey, d'Alger.

Dans, préposition.

dent, de la bouche.

Danse, jeu.

danse, du verbe *danser*.

dense, épais, compacte.

Décent, extérieur honnête.

descend, du verbe *descendre*

Déçu, du verbe *décevoir*.

dessus, opposé de dessous.

Défait, du verbe *défaire*.

défects, feuilles incomplettes d'un livre.

D

Dégoûté, participe.

dégoutter, tomber goutte à goutte.

Délai, retardement.

delais, abandon.

Delie, du verbe *délier*.

délit, crime.

Dessein, projet.

dessin, modèle.

Devin, qui prédit l'avenir.

devins, du verbe *devenir*.

différant, du verbe *différer*.

différent, qui n'est pas semblable.

Doigt de la main.

dois, du verbe *devoir*.

Dol, ruse, tromperie.

Dôle, ville de France.

Dore, du verbe *dorer*.

dors, du verbe *dormir*.

Dû, du verbe *devoir*.

du, article.

E

E, 5.e lettre de l'alphabet.

eh ! exclamation.

hé ! interjection.

Echo, ce qui répète.

écot, quote-part.

Eclair, ce qui brille avant le tonnerre.

éclaire, du verbe *éclairer*.

Ecrie, du verbe *écrier*.

E

écris, du verbe *écrire*.
écrit, convention.
Egard, attention.
égare, du verbe *égarer*.
Epi de blé.
épie, du verbe *épier*.
Etaie, pièce de bois.
étais, du verbe *être*.
Etaim, laine fine d'a-
  gneau.
étain, métal.
éteins, du verbe *éteindre*.
Etal d'un boucher.
étale, du verbe *étaler*.
Etalon, cheval entier.
étalons, du verbe *étaler*.
Etre, exister.
hêtre, arbre.
Eurent, du verbe *avoir*.
hure, tête de sanglier.

F

Face, visage.
fasce, terme de blason.
fasse, du verbe *faire*.
Faim, besoin de manger.
feins, du verbe *feindre*.
fin d'un ouvrage.
fins, menus, déliés.
Fais, du verbe *faire*.
fait, action.
faix, fardeau.
Faisan, oiseau.
faisant, du verbe *faire*.

F

Faîte d'une maison.
faite, chose achevée.
faites, du verbe *faire*.
fête, solennité.
Fau, arbre.
faulx, instrument à cou-
  per le foin.
faut, du verbe *falloir*.
faux, dissimulé, contre-
  fait.
Fauchet, rateau de bois.
fauchoit, du verbe *fau-
  cher*.
Fausse, féminin de *faux*.
fosse, creux profond.
Fermant, du verbe *fer-
  mer*.
ferment, levain.
ferrement, outil de fer.
Fétu, brin de paille.
fœtus, germe à demi for-
  mé.
Feu, élément.
feu, e, mort, e.
Fi, terme de mépris.
fie, du verbe *fier*.
fils, enfant.
fis, du verbe *faire*.
Fil, de chanvre, de fer, etc.
file, suite de personnages
  ou de choses.
Filois, du verbe *filer*.
filet à prendre du poisson.

F

Flan, tarte de fruit cuit.

flanc, se battre les flancs.

Foi, conscience.

foie, viscère.

fois, substantif féminin.

fouet, instrument de correction.

Foix, ville de France.

Forès, anc. province de France.

foret, instrument à percer les tonneaux.

forêt, grande étendue de terre plantée d'arbres.

foroit, du verbe *forer*.

Fort, poste fortifié.

fort, vigoureux.

Frai des poissons, ou leur semence.

fraie, du verbe *frayer*.

frais, adjectif.

fret, louage d'un vaisseau.

G

Gai, joyeux.

gué, endroit de rivière où l'eau est basse.

guéer, baigner.

guet, l'action de faire le guet.

Gaz, terme de chimie.

gaze, tissu travaillé avec de la soie.

Geai, oiseau.

G

jais, bitume.

jet-d'eau.

Goûte, du verbe *goûter*.

goutte d'eau, ou maladie

Grâce, pardon, faveur.

grâces, amour, reconnoissance.

grasse, féminin de *gras*.

Graisse, de porc ou de bœuf.

Grèce, contrée d'Europe.

Gray, nom de ville.

grès, sable dont on fait les meules.

Gril, instrument de cuisine.

gris, qui a trop bu, ou couleur mêlée de blanc et de noir.

Guères, pas beaucoup.

guerre, l'action de se battre.

H

Haie, clôture.

hais, du verbe *haïr*.

haire, instrument de pénitence.

hère, homme sans crédit.

Hâle, air chaud qui sèche et noircit.

hâles, du verbe *hâler*.

Heur, bonne fortune.

heure, partie du jour.

H

heurt, choc.
Hombre, jeu de cartes.
ombre, obscurité.
Hors, préposition.
or, métal ; particule.
Hôte, celui qui donne l'hospitalité.
ôte, du verbe *ôter*.
Huis, porte.
huit, nombre numéral.

I

Il, pronom de la 3.ᵉ personne masculin.
île, lieu entouré d'eau.
Ille, petite ville de France.
Indû, ce qui est contre la règle.
Indut, ecclésiastique qui sert le diacre.
Intension, intensité.
intention, projet.

J

Jarre, vaisseau à mettre de l'eau.
jars, le mâle d'une oie.
Jetons, pièce de monnoie à jouer.
jetons, du verbe *jeter*.
j'eus, pour, *je eus*.
jus, de viande, d'herbe.
Jouet, joujou d'enfans.
jouois, du verbe *jouer*.

L

La, note de musique ou article.
là, indicatif de quelque chose.
las, fatigué.
lacs, filets à prendre des oiseaux.
Lacet, passer un lacet.
laçois, du verbe *lacer*.
lassois, du verbe *lasser*.
Laisse, du verbe *laisser*.
laisse ou licol.
Laon, ville de France.
lent, paresseux.
Lares, divinité fabuleuse.
lard, graisse épaisse.
Leur, pronom.
leurre, terme de fauconnerie.
Lice, lieu de course ; femelle de chien.
lisse, chose unie, polie.
Lie, partie grossière des liqueurs.
lies, (tu) du verbe *lier*.
lis, du verbe *lire* ; fleur.
lit, meuble pour coucher.
Lieu, endroit.
lieue, espace de chemin.
Lion, animal féroce.
lions, du verbe *lier*.
Lyon, ville.
Lissé, uni, poli.
Lycée, école, assemblée.

L

Livrée, habit de domestique.

livrer, fournir.

Livret, pet t livre.

livroit, du verbe *livrer*.

Loire, rivière.

loir, quadrupède.

Loue, du verbe *louer*.

loup, animal féroce.

lui, pronom personnel.

luis, du verbe *luire*.

lut, matière de chimie.

luth, instrument de musique.

lutte, combat.

luttes, du verbe *lutter*.

M

Mai, l'un des mois de l'année.

Mais, conjonction.

mes, pronom possessif.

met, du verbe *mettre*.

mets, ce que l'on mange à table.

Maire, chef d'une municipalité.

mer, l'eau qui environne la terre.

mère, femme qui a des enfans.

Maître, supérieur.

mettre, verbe.

mètre, mesure.

M

Maraud, terme de mépris.

Marot, nom.

Marc d'or.

mare, amas d'eau.

Marchand, qui achète et qui vend.

marchant, du verbe *marcher*.

Maux, pluriel de *mal*.

Meaux, ville.

mot, parole.

Menton, partie inférieure du visage.

mentons, du verbe *mentir*.

Messe, office divin.

Metz, ville.

Meurs, du verbe *mourir*.

mœurs, habitudes, inclinations.

Mi, note de musique.

mie de pain.

mis, du verbe *mettre*.

Mil, adjectif masculin singulier, l'an *mil*.

mille, nom de nombre.

Mire, du verbe *mirer*.

mirent, du verbe *mettre*.

myrrhe, gomme odorante.

Moi, pronom.

mois, partie de l'année.

Mollet, gras de jambe.

M

molets, pinces d'orfèvre.
mollet, un peu mou.
Mon, pronom possessif.
mont, montagne.
Maure, Mauritanie.
mords, du verbe *mordre*.
mors, partie d'une bride.
mort, du verbe *mourir*.
Mouche, insecte ailé.
mouches, du verbe *moucher*.
Mu, du verbe *mouvoir*.
mue, temps où les oiseaux changent de plumes.
Mur, fermeture.
mure, du verbe *murer*.
mûre, fruit.
mûr, qui est en maturité.

N

Né, du verbe *naître*.
nez, partie du visage.
Ni, conjonction.
nid d'oiseau.
nie, du verbe *nier*.
Nom, ce qui sert à nommer.
non, négation.
Nu, qui n'est pas vêtu.
nue, nuage.
Nui, du verbe *nuire*.
nuit, qui succède au jour.

O

On, nom général.
ont, du verbe *avoir*.

O

Ou, conjonction.
où, adverbe de lieu.
houe, instrument de fer.
houx, arbrisseau.
Oubli, opposé à mémoire.
oublie, pâtisserie légère.
oublies, du verbe *oublier*.
Oui, affirmation.
ouïes, partie de la tête des poissons.
ouïe, l'un des cinq sens.

P

Pain, à manger.
peint, du verbe *peindre*.
pin, arbre.
Paix, faire la paix ou la guerre.
pet, vent.
Pal, terme de blason.
palle, carton d'un calice.
Palais, partie de la bouche ; maison.
palet, de métal, qui est rond.
Pan, partie de mur, d'habit.
paon, oiseau à longue queue.
pend, du verbe *pendre*.
Panneaux, bois ou vitrage encadré.
paonneau, jeune paon.
Panser, traiter, soigner.
pensée, idée ; fleur.

P

penser, réfléchir.

Par, préposition.

pare, du verbe *parer.*

pars, du verbe *partir.*

part, une partie.

Parant, du verbe *parer.*

parent, proche.

Parc, bois clos de murs.

parque, du verbe *parquer.*

parques, divinités fabuleuses.

Pari, gageure.

Paris, ville.

Parti, résolution.

partie, portion de quelque chose.

partit, du verbe *partir.*

Paume, le dedans de la main.

pomme, fruit.

Pau, ville.

peau d'animal.

Pô, rivière d'Italie.

pot, de terre ou d'étain.

Pause, repos.

pose, du verbe *poser.*

Pécher, faire une faute.

péché, c'est la faute faite.

pêcher, arbre, ou prendre du poisson.

Pêne, partie mobile d'une serrure.

peine, opposé du *plaisir.*

P

penne, grosse plume d'oiseau.

Pennes, terme de chandelier.

Peu, pas beaucoup.

peut ,
peux , } du verbe *pouvoir.*

Pic, outil de fer pointu.

pique, arme de bois ou de fer.

piques, du verbe *piquer.*

Pieu, pièce de bois pointue.

pieux, qui a de la piété.

Pinçon, oiseau ; blessure.

pinçons, du verbe *pincer.*

Piquois, du verbe *piquer.*

piquet, bâton pointu.

Plaçoit, du verbe *placer.*

placet, pétition.

Plain, sans inégalité.

plains, du verbe *plaindre.*

plein, rempli.

plain-chant, chant d'église.

plein champ, au milieu d'un champ.

Plaine, grand terrain uni.

pleine, féminin de *plein.*

Plainte, dénonciation devant le Juge.

plinthe, pièce de bois.

Plan, dessin.

P

plant, d'arbres, d'asperges.
Plongeon, oiseau aquatique.
plongeons, du verbe *plon-
 ger*.
Plu, qui a fait plaisir.
plus, davantage.
plut, du verbe *plaire*.
plût, du verbe *pleuvoir*.
Poêle, ustensile de cuisine.
poil, qui couvre les ani-
 maux.
Poids, pesanteur.
pois, légume.
poix, résine.
Poing, la main fermée.
point, pour *pas*.
points, tréma que l'on met
 sur les ï.
Poiré, cidre de poire.
poirée, plante potagère.
Pond, du verbe *pondre*.
pont, bâtiment jeté sur
 une rivière.
Porc, cochon.
pore, petit trou dans la
 peau.
port de mer.
Pou, vermine.
pouls, mouvement du
 sang.
Pouce, mesure; doigt de
 la main.

P

pousse, maladie des che-
 vaux.
pousses, [tu] temps du
 verbe *pousser*.
Près, opposé de loin.
prêt, ce que l'on emprunte.
prêt, sur le point de partir.
Pris, du verbe *prendre*.
prix, estimation, récom-
 pense.
Puce, insecte.
pusse, du verbe *pouvoir*.
Puis, du verbe *pouvoir*.
puits, d'où l'on tire de
 l'eau.

R

Raie, poisson.
raie, du verbe *rayer*.
rais, partie d'une roue.
rets, filets.
Raiponce, plante.
réponse, ce que l'on ré-
 pond.
Raisonner, discourir juste.
résonner, retentir.
Rang, ordre, accompa-
 gnement, etc.
rends, du verbe *rendre*.
Ras, qui a le poil court.
rat, petit animal.
Raton, pâtisserie de fro-
 mage.
ratons, du verbe *rater*.

R

Rauque, en parlant de la voix.

roc, ou rocher.

Roch, nom.

roque, du verbe *roquer*.

Récent, nouveau.

ressent, du verbe *ressentir*.

Reims, ville.

rince, du verbe *rincer*.

Rein, rognon ou viscère.

reins, ou lombes.

Rhin, fleuve.

Reine, femme du Roi.

rêne, courroie de la bride.

Rennes, ville.

Rhenne, animal de la Moscovie.

Répond, du verbe *répondre*.

répons, chant d'office de l'église.

Ris, du verbe *rire*.

riz, plante ou graine.

rit, cérémonie de l'église.

Roman, ouvrage littéraire.

Romans, ville de France.

Romps, du verbe *rompre*.

rond, qui a une forme circulaire.

Rue, chemin de ville.

rue, du verbe *ruer*.

S

Salaire, prix d'un ouvrier.

S

salèrent, du verbe *saler*.

sale, mal-propre.

sales, (tu) du verbe *saler*.

salle, pièce destinée à recevoir les visites.

Sandale, bois des Indes.

sandale, chaussure.

Saunerie, où l'on fait le sel.

sonnerie, son de plusieurs cloches.

Sol, terrain, ou note de musique.

sole, poisson.

Saur, ou *sor*, hareng séché à la fumée.

sors, du verbe sortir.

sort, le destin.

Saut, action de sauter.

sceau, cachet.

seau, vaisseau à puiser.

sot, stupide.

Savons, du verbe *savoir*.

savon, matière pour nettoyer les étoffes.

Serein, rosée du soir.

serin, oiseau de Canarie.

Serment, promesse solennelle.

Serrement, action de serrer.

Scieur, celui qui scie le bois.

sieur, qualité.

Soi, pronom.

S

soie, matière propre à filer.
sois, } du verbe *être*.
soit, }
Somme, sommeil.
sommes, du verbe *être*.
sommoit, du verbe *sommer*.
sommet, partie la plus élevée.
Son, tout ce qui frappe l'oreille.
son, pronom possessif.
sont, du verbe *être*.
Sonnoit, du verbe *sonner*
sonnet, poeme.
Sou, partie de la livre tournois.
Soûl, qui a trop bu.
scus, opposé de dessus.
Soufflois, du verbe *souffler*.
soufflet, instrument à vent, coup, etc.
Souffre, 1.re personne du verbe *souffrir*.
soufre, minéral inflammable.
Souris, petit animal.
sourit, du verbe *sourire*
Statue, figure d'homme.
statut, règle, etc.
Suie, noir de cheminée.
suis, du verbe *suivre*.

T

suis, 1.re personne du verbe *être*.
Sur, préposition; acide-
sûr, certain.

T

Ta, pronom possessif.
tas, amas de quelque chose.
Tac, maladie contagieuse.
tact, sentiment de toucher.
Taie, enveloppe.
tais, du verbe *taire*.
tes, pl. du pron. possessif, ta, ton.
têt, éclat d'un vase cassé.
Tain, terme de miroiterie.
teint, coloris du visage.
tins, du verbe *tenir*.
thym, plante.
Taire, verbe.
terre, partie du globe.
Tan, ecorce du chêne pilée.
tant, adverbe de quantité
temps, espace ou durée.
tend, du verbe *tendre*.
Tante, sœur du père ou de la mère.
tente, rouleau de charpie.
Taon, grosse mouche.
thon, poisson.

H

T

ton , article de voix ; pein ture ; pronom possessif.

tond , du verbe *tondre*.

Tapi , du verbe *tapir*.

tapis , grand morceau d'é-toffe.

Tard , adverbe de temps.

tarre , du verbe *tarrer*.

tare , diminution.

Taupe , petit animal nui-sible.

tope , du verbe *toper*.

Taux , prix établi.

tôt , de bonne heure.

T, 19.ᵉ lettre de l'alpha-bet.

té , terme de mineur.

thé , plante.

Terme , expression.

thermes , bains.

Tête , partie du corps.

tette , du verbe *tetter*.

Thiers , ville du dép. du Puy-de-Dôme.

tiers , s. m. 3.ᵉ part. d'un tout.

tiers , *ce* , adj. 3.ᵉ , *un tiers état* , *fièvre tierce* , etc.

Thonaire , s. m. Filet pour la pêche du thon.

tonner , v. n. impers. se dit du bruit que fait le ton-nerre, le canon , etc.

T

tonnerre , s. m. Bruit oc-casioné par une déto-nation électrique entre deux corps ; la foudre , etc.

Tonnerre , ville du dép. de l'Yonne.

Thymbre , plante odorifé-rante.

timbre , son de cloche ; marque de papier.

Tien , pronom possessif.

tiens , du verbe *tenir*.

Tiroit , du verbe *tirer*.

tiret , petite ligne.

Toi , pronom.

toit , couverture d'un bâ-timent.

Tords , du verbe *tordre*.

tore , terme d'architecture.

tors , *e* , qui est *tordu*.

tort , dommage , avoir tort.

Toue , bateau commun.

tout , adverbe.

toux , effet du rhume.

Tour , bâtiment rond et très-élevé.

Tours , ville.

Trève , s. f. Suspension d'armes , etc. ; (au fig.) relâche.

Trèves , ville du dép. de Maine et Loire.

T

Trèves, ville de France.
Triomphe, s. m. Cérémonie pompeuse; victoire, etc.
triomphe, s. f. Sorte de jeu de cartes.
triomphe, (je) prés. de l'ind. du v. a. *triompher*.
Tribu, classe du peuple.
tribut, contribution.
Troie, ancienne ville.
trois, nom de nombre.
Troyes, ville de France.
Trop, marque d'excès.
trot, pas d'un cheval.

V

Vain, e, orgueilleux.
vin, liqueur.
vingt, nom de nombre.
vint, du verbe *venir*.
Vaine, féminin de *vain*.
veines, vaisseaux du corps.
Vair, terme de blason.
ver, insecte rampant.
verre, gobelet, etc.
vers, poésie, ou du côté.
vert, couleur.
Van, panier pour nettoyer le blé.
vent, air qui souffle.
Vaud, partie de la Suisse.
vaut, du verbe *valoir*.
veau, petit de la vache.
vos, adjectif possessif.

V

Verrier, ouvrier qui fait le verre.
verriez, du verbe *voir*.
Verseau, 2.ᵉ signe du zodiaque.
verso, second côté d'un feuillet quelconque.
Veut, } du verbe *vouloir*.
Veux, }
vœu, promesse, désir, souhait.
Vice, imperfection.
vis, lévier, ou clou à vis.
visse, des verbes *voir*, *visser*.
Vil, e, méprisable, ou de peu de valeur.
ville, ou cité.
violoit, du verbe *violer*.
violet, sorte de couleur.
Voie, chemin.
voit, du verbe *voir*.
voix, principe de la parole.
Volée, vol d'un oiseau.
voler, celui qui dérobe.
Volois, du verbe *voler*.
volet, planche.
Voue, du verbe *vouer*.
vous, seconde pers. des verbes.

Z

Zest, rien.
Zeste, de noix, ou d'orange.

DANS LESQUELS LA LETTRE H EST ASPIRÉE.

Ha !	Hanap.	Harper.	Hibou.	Houpier.
Hableur	Hanau.	Harpon	Hideux.	Hourder.
Hache.	Hanche.	Harpie.	Hie.	Houri di.
Hagard	Hanebane.	Hart.	Hierarchie.	Houret.
Haha.	Hanneton.	Hasard.	Hisser.	Houri.
Habali.	Hangar.	Hase.	Hobereau.	Hourique.
Hahe.	Hanscrit.	Hast.	Hobin.	Hourvari.
Haie.	Hanse.	Hâle.	Hoc.	Housche.
Haie.	Hansière.	Halereau.	Hoca.	Housé.
Haillon.	Hanter.	Hileur.	Hoche.	Houseaux.
Hainaut.	Happe.	Hâlier.	Hochepot.	Houspiller
Haine.	Happer.	Haubans.	Hocher.	Houssaie.
Hair.	Haquenée.	Hanbert.	Hochet.	Houssard.
Haire.	Haquet.	Hauteur.	Holà !	Housse.
Haineux.	Harangue.	Havane.	Hollande.	Housseau.
Halage.	Haras.	Hâve.	Hollander.	Houssine.
Halbran.	Harasser.	Havet.	Homard.	Housson.
Hâle.	Harceler.	Hâvir.	Hongre.	Houx.
Halener.	Hard.	Havre.	Hongrie.	Hoyau.
Haleter.	Harde.	Havre-sac.	Honnir.	Huard.
Halle.	Harder.	Hé !	Honte.	Huche.
Hallebarde.	Hardes.	Heaume.	Hoquet.	Huer.
Hallebreda,	Hardi.	Hem !	Hoqueton.	Huette.
Hallier.	Hareng.	Hennir.	Horde.	Huguenot
Haloir.	Harfleur.	Henri.	Horion.	Huit.
Halot,	Hargneux.	Hérault.	Hormis.	Hulotte.
Halte.	Haricot.	Hère.	Hors.	Humer.
Halurgie.	Haridelle.	Hérisser.	Hotte.	Hune.
Han.	Harlay.	Hernie.	Houblon.	Huningue
Hamac.	Harlem.	Héron.	Houe.	Hupe.
Hamagogue,	Harnois.	Herbs.	Houille.	Hure.
Hambourg.	Haro.	Herse.	Houle.	Hurler.
Hameau.	Harpailler	Hesse.	Houlette,	Huron.
Hampe,	Harpe.	Hêtre.	Houpe.	Hussard.
Han.	Harpeau.	Heurter.	Houper.	Hutte.

DU STYLE ÉPISTOLAIRE

OU DE LA MANIÈRE D'ÉCRIRE DES LETTRES

Il est peu de personnes qui, dans le cours de la vie, n'éprouvent fréquemment le besoin d'écrire une lettre. C'est pour cette raison que l'on a cru devoir donner à la suite de cet ouvrage, autant que ses bornes étroites le permettent, quelques notions et modèles du style épistolaire.

On appelle style épistolaire, l'ordre dans lequel on présente les pensées, et la manière dont on les énonce ; ce style doit être clair et facile, ce sont là ses deux principales qualités. On parle pour être entendu, de même on écrit pour être compris. Le choix et la propriété des expressions doivent être le premier soin de celui qui écrit, il doit éviter d'être long, et éviter plus soigneusement encore d'être obscur.

Quelques exemples seront le meilleur commentaire du précepte, en montrant de quelle manière on l'a suivi ; ils en feront mieux sentir l'utilité et l'usage.

Nous ne donnons point ces exemples pour être copiés dans le cas où l'on se trouveroit dans des circonstances où ils seroient applicables ; ils ne sont rapportés que pour donner une idée du style : dans une lettre, il faut se montrer soi-même, y ouvrir son ame et non sa bibliothèque.

LETTRE DE BONNE ANNÉE.

C'est à mon père, à mon meilleur ami, que j'adresse mes souhaits pour la nouvelle année. L'usage ne les dicte point à ma plume ; elle obéit à mon cœur ; elle ne fait qu'exprimer au jour de l'an ce que tous les jours je demande à Dieu. Oui, père bien respecté, et encore plus chéri, vous êtes au matin l'objet de ma première pensée, et sur vous, le soir, se réunissent toutes mes affections. Puisse le ciel rendre vos années aussi nombreuses que l'ont été les soins infinis que vous avez pris de mon enfance ! Jouissez de la santé la plus parfaite et la plus constante ; que votre bonheur, sur-tout, soit inaltérable et durable comme le seront envers vous les sentimens de respect et d'attachement avec lesquels, etc.

RÉPONSE A DES LETTRES DE BONNE ANNÉE.

CE sont de bons commencemens, monsieur, et de bons présages d'année que de nouveaux témoignages d'une amitié comme la vôtre. Si je n'ai pas le plaisir de pouvoir raisonner avec vous, comme je faisois il y a quelques mois, je vous rends du moins souhaits pour souhaits, vœux pour vœux, et je demande au ciel pour vous meilleure santé, meilleure fortune, ou la vertu nécessaire pour vous passer de l'une et de l'autre.

LETTRE DE CONDOLÉANCE.

JE regrette bien, monsieur, la perte que vous avez faite de monsieur votre père, et je compatis à votre douleur. Il vous laisse les véritables biens, qui sont ses vertus et ses bons exemples, et les plus solides consolations, qui sont une longue continuation de sagesse et de piété, une vie de chrétien, et une mort de patriarche. Je vous souhaite une aussi longue pratique de bonnes œuvres ; et, persuadé qu'il ne manque à la perfection de votre mérite que ce qu'un âge comme le sien y peut ajouter, je félicite messieurs vos enfans de retrouver en

vous ce que vous perdez en monsieur votre père.
Je suis, etc.

LETTRE DE REMERCIEMENT.

J'APPRENDS, monsieur, le détail des obligations
que je vous ai. Vous n'êtes pas de ces gens qui
souhaitent du bien à leurs amis, vous leur en
faites. D'autres diroient : *Comment se tirera-t-on de
là? la chose est embarrassante ;* et quand ils auroient plaint leur homme, ils le laisseroient là, et
iroient souper. Pour vous, vous raccommodez
tout, et très-vite, et très-bien, et vous servez vos
amis de toutes façons , etc.

LETTRE DE RECOMMANDATION.

UN de nos bons marchands de Nîmes , monsieur, a une affaire devant vous, qu'il croit juste,
et qui lui est de conséquence. Comme il sait l'amitié que vous avez pour moi, il croit que ma re-
commandation auprès de vous ne lui sera pas inu-
tile. Je vous prie, monsieur, de lui rendre la justice qu'il vous demande , et de lui faire les grâces
qui accompagnent le bon droit, s'il l'a : je vous
en serai très-obligé. Je suis, monsieur, etc.

LETTRE D'EXCUSE.

JE me presse de vous écrire afin d'effacer promp-
tement de votre esprit le chagrin que ma dernière
lettre y a mis. Je ne l'eus pas plus tôt écrite que je
m'en repentis.... Il est vrai que j'étois de méchante humeur ; je n'eus pas la docilité de démonter mon
esprit pour vous écrire ; je trempai ma plume dans
mon fiel, et cela composa une sotte lettre amère,
dont je vous fais mille excuses. Si vous fussiez en-
tré une heure après dans ma chambre, nous nous
fussions moqués de moi ensemble....

DES CONVENANCES ÉPISTOLAIRES.

Elles consistent dans l'art de respecter la distance que mettent entre les individus, l'âge, le sexe, le rang, le pouvoir; à n'oublier jamais ce qu'ils sont et ce que l'on est; à bien calculer ce qu'on peut leur dire, ce qu'on peut leur taire; à leur écrire en un mot avec cette mesure qui est la règle des conversations.

DU CÉRÉMONIAL DES LETTRES.

Madame, Monsieur, se placent au-dessus de la première ligne de la lettre, lorsque l'on écrit à quelqu'un qui est au-dessus de nous ou que l'on veut traiter avec égard et politesse.

Lorsque la personne est décorée d'un titre, d'une dignité, d'une qualification honorable, on doit les rappeler. A un Ministre, à un Pair de France, à un Evêque, Monseigneur; puis, Monsieur le Maréchal, Madame la Duchesse, Monsieur le Président, Monsieur le Chevalier, etc.

La date se place indifféremment en haut ou en bas de la lettre; cependant on croit qu'il est mieux de la placer après la signature.

La signature se place après l'expression d'un sentiment de respect, de reconnoissance, d'estime ou d'attachement.

Recevez, Madame, avec bonté l'assurance de mon respectueux attachement.

Les sentimens que vous m'avez inspirés, Monsieur, sont aussi sincères que durables.

Comptez à jamais, Monsieur, sur la reconnoissance et l'attachement de.....

Aujourd'hui, le *très-humble et très-obéissant serviteur* n'est plus que de l'extrême civilité.

En général le choix de ces locutions et beaucoup d'autres dépendent de la nature des liaisons et des rapports entre les personnes qui s'écrivent.

Quelque mauvaise que soit votre écriture, il est plus poli d'écrire vous-même, que de faire écrire.

Il est d'usage de reprendre l'écriture de la page qui suit à la hauteur des lignes de la page qui précède.

Il est impoli d'ajouter à une lettre un *post-scriptum*, parce qu'il décèle de l'inattention de la part de celui qui écrit.

On veut encore qu'il soit impoli dans une lettre que le respect commande, de faire des complimens à un tiers; si le cas arrive, il faut au moins s'en excuser.

DES RÉPONSES.

Toute lettre mérite Réponse; ce proverbe n'a d'exception que pour les lettres où les égards sont oubliés et les convenances méconnues.

Hors de là une réponse doit suivre de près la lettre qui l'a provoquée : ce seroit une mal-honnêteté que de la faire attendre, et dans ces-cas là on tâche de justifier ou d'excuser sa lenteur.

La lettre que vous avez reçue est-elle badine ? répondez sur le même ton ; sérieuse ? que la raison tienne la plume ; obligeante? faites parler la reconnoissance. Si elle contient une demande, la réponse veut de la grâce si on l'accorde, et du ménagement si l'on refuse.

Une réponse doit être analogue soit pour le fond, soit pour la forme, à la lettre qui l'a déterminée. Il est d'usage de rappeler la date de cette lettre, *Je me hâte*, ou *Je m'empresse de répondre à votre lettre du* ...... *En réponse à votre lettre du* ...... etc.

INSTRUCTION
SUR LA PRONONCIATION DU LATIN.

Quand on sait bien lire le françois, on peut lire le latin sans difficulté. Les différences de prononciation se réduisent à celles-ci :

1.re *Ai, ei, oi, ou,* se prononcent toujours en deux voyelles distinguées, dont chacune garde le son qui lui est propre. Ex. *Danai, fidei, introitus, prout,* etc.

2.° *Au* se prononce comme *ô.* Ex. *Laus, laudate, auctor.* Excepté dans quelques noms propres. Ex. *Nicolaus, Danaus,* prononcez *Nicola-us, Dana-us.*

3.° *Æ, œ,* et tous les *e* qui terminent les syllabes, se prononcent *é : Pœnæ,* prononcez *péné.*

4.° *An, am,* se prononcent comme notre voyelle *an.* Ex. *Angelus, vocantis, amant, ampliùs.*

On et *om, un* et *um,* se prononcent comme notre voyelle *on : Montis, fons, compos, promptus, unda, fugiunt, umbræ.*

Cependant *un* se prononce comme en françois dans quelques mots. Ex. *Nunc, hunc, cuncti, tunc.*

Mais lorsque les syllabes *an, am, en, em, on, om,* terminent les mots, ou qu'elles sont suivies d'une *m* ou d'une *n,* l'*a,* l'*e,* l'*i* et l'*o* gardent leur son natu-rel, et l'on fait sonner la consonne *m* ou *n* qui les suit. Ex. *Titan, annus, musam, flamma, amnis, lumen, partem, dein, solemne, innixus, hymnus, im-motus, Damon, connexus, omnis, committo,* etc.

Um final se prononce *ome : Domum, priorum, vanum,* etc.

5.° Toutes les consonnes qui ne sont point sui-vies d'une voyelle, se prononcent : Ex. *Fons, di-cunt, psalmus, promptus, emptor,* etc.

6.ᵉ *Ch* se prononce toujours comme le *k*. Ex. *Charitas, chorus, Anchises,* etc.

7.ᵉ *Gn* se prononce durement, comme dans ces mots françois *gnostique, gnomonique*. Ex. *Magna, ignr, agni,* etc.

8.ᵉ Les syllabes *qua, quæ, qui, quo, quu,* se prononcent *koua, kuæ, kui, ko, ku* : Ex. *Quarè, quercus, quilibet, quotannis, equus ; Kouare, kuercus, kuilibet, kotannis, ekus.*

9.ᵉ *Ti*, suivi d'une voyelle, se prononce comme en françois *ci* : *Gratia, actio, actium, prudentiæ,* etc.

10.ᵉ *En, em*, ne se prononce jamais *an* ou *am*.

Par rapport aux accens qu'on met sur les mots latins, il suffit d'observer que l'accent aigu placé sur l'antépénultième ou sur la pénultième syllabe, est destiné à la faire prononcer lentement, et que dans les mots de deux syllabes, l'accent est toujours supposé quand il n'est pas mis sur la première ; mais il faut bien se garder d'appuyer trop long-temps. Ce seroit une égale faute de ne pas s'y arrêter assez, ou d'y appuyer trop.   FIN.

TABLE.

FIN DE LA TABLE.

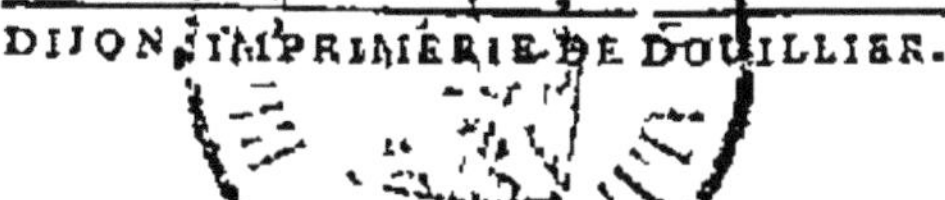

DIJON, IMPRIMERIE DE DOUILLIER.